# ANTOLOGIA DO TEATRO REALISTA

Quintino Bocaiúva (1836-1912)

# ANTOLOGIA DO TEATRO REALISTA

Edição preparada por
JOÃO ROBERTO FARIA

*Martins Fontes*
São Paulo 2006

Copyright © 2006, Livraria Martins Fontes Editora Ltda.,
São Paulo, para a presente edição.

1ª edição 2006

**Acompanhamento editorial**
Helena Guimarães Bittencourt
**Preparação do original**
Luzia Aparecida dos Santos (atualização ortográfica)
**Revisões gráficas**
Marisa Rosa Teixeira
Solange Martins
Dinarte Zorzanelli da Silva
**Produção gráfica**
Geraldo Alves
**Paginação**
Moacir Katsumi Matsusaki

Dados Internacionais de Catalogação na Publicação (CIP)
(Câmara Brasileira do Livro, SP, Brasil)

Antologia do teatro realista / edição preparada por João Roberto Faria. – São Paulo : Martins Fontes, 2006. – (Coleção dramaturgos do Brasil)

Bibliografia.
ISBN 85-336-2299-6

1. Bocaiúva, Quintino, 1836-1912 2. Guimarães, Francisco Pinheiro, 1809-1877 3. Ribeiro, Maria, 1829-1880 4. Teatro – Antologias – Literatura brasileira I. Faria, João Roberto. II. Série.

06-3994 CDD-869.92004

**Índices para catálogo sistemático:**
1. Antologias : Teatro : Literatura brasileira 869.92004
2. Teatro : Antologias : Literatura brasileira 869.92004

*Todos os direitos desta edição reservados à*
***Livraria Martins Fontes Editora Ltda.***
*Rua Conselheiro Ramalho, 330 01325-000 São Paulo SP Brasil*
*Tel. (11) 3241.3677 Fax (11) 3101.1042*
*e-mail: info@martinsfontes.com.br http://www.martinsfontes.com.br*

# COLEÇÃO "DRAMATURGOS DO BRASIL"

Vol. XIII – Antologia do teatro realista

Esta coleção tem como finalidade colocar ao alcance do leitor a produção dramática dos principais escritores e dramaturgos brasileiros. Os volumes têm por base as edições reconhecidas como as melhores por especialistas no assunto e são organizados por professores e pesquisadores no campo da literatura e dramaturgia brasileiras.

João Roberto Faria, que preparou o presente volume, é o coordenador da coleção. Professor Titular de Literatura Brasileira na Universidade de São Paulo, publicou, entre outros livros, *O teatro realista no Brasil (1855-1865)* (São Paulo, Perspectiva/Edusp, 1993) e *Idéias teatrais: o século XIX no Brasil* (São Paulo, Perspectiva/Fapesp, 2001).

# ÍNDICE

*Introdução* ............................. IX
*Cronologia* ............................. XXIX
*Nota sobre a presente edição* ............. XXXIII

### ANTOLOGIA DO
### TEATRO REALISTA

*Os mineiros da desgraça* ................. 3
    Quintino Bocaiúva

*História de uma moça rica* ............... 127
    F. Pinheiro Guimarães

*Cancros sociais* ......................... 265
    Maria Ribeiro

# INTRODUÇÃO

# TEATRO E COMPROMISSO SOCIAL

**1**

As três peças incluídas neste volume fazem parte de um repertório que foi absolutamente hegemônico nos palcos brasileiros – em especial nos cariocas – por volta de 1860. Todas foram encenadas com sucesso, publicadas e louvadas pelos críticos e intelectuais da época, que não se cansaram de apontar qualidades como o compromisso dos autores com a crítica moralizadora dos vícios e das mazelas sociais, a reprodução fotográfica dos tipos de que se compunha a nossa sociedade, a ação dramática bem construída, o estilo fluente e os diálogos escritos para serem ditos com naturalidade. Observe-se, pois, que, se na poesia e na prosa o movimento romântico ainda impunha os seus modelos, no teatro, ao contrário, nossos principais escritores estavam com os olhos voltados para a novidade que vinha de Paris: o realismo teatral. Quintino Bocaiúva, Pinheiro Guimarães e Maria Ribeiro não tiveram como modelo o drama de Victor Hugo ou Alexandre Dumas, mas as comédias realistas de autores como Alexandre Dumas Filho e Émile Augier. Por outro lado, pode-se dizer também que foram motivados pelo exemplo de José de Alencar, que já em 1857, ao escrever e encenar *O demônio familiar*, demonstrava, na prática, que o modelo da comédia realista francesa acomodava sem nenhum problema os assuntos nacionais contemporâneos.

Alguns dados do contexto teatral no Rio de Janeiro daqueles tempos podem ajudar o leitor a compreender a razão do sucesso de peças como *Os mineiros da desgraça*, *História de uma moça rica* e *Cancros sociais*. Comecemos lembrando que em março de 1855 o empresário Joaquim Heliodoro Gomes dos Santos criou uma companhia dramática para atuar no antigo Teatro de S. Francisco, rebatizado como Ginásio Dramático. Depois de um início tímido, em que foram representadas apenas comédias curtas, em especial as de Scribe, a nova empresa, já no final de 1855, começou a pôr em cena as peças de Théodore Barrière, Lambert Thiboust, Dumas Filho, Augier, Octave Feuillet, Ernest Legouvé, entre outros, conquistando a aprovação e o apoio da jovem intelectualidade que atuava na imprensa[1].

---

1. Eis uma lista das principais peças do realismo teatral francês apresentadas ao público carioca entre 1855 e 1862: *As mulheres de mármore* e *Os parisienses*, de Théodore Barrière e Lambert Thiboust; *Os hipócritas* e *A herança do Sr. Plumet*, de Barrière e Ernest Capendu; *A dama das camélias* e *O mundo equívoco*, de Dumas Filho; *Por direito de conquista*, de Ernest Legouvé; *O genro do Sr. Pereira*, *Os descarados* e *As*

Esses dramaturgos, na França, representavam o que havia de mais moderno no terreno teatral. Em suas peças, procuravam descrever os costumes, evitando as situações violentas, as paixões arrasadoras e o colorido forte que se encontram no drama, substituindo os excessos da imaginação romântica pela objetividade descritiva. A naturalidade em cena – na construção da ação dramática, dos personagens copiados da sociedade e dos diálogos – é um dos dois postulados centrais do realismo teatral. O outro é a idéia de que a arte deve ser útil, isto é, ter uma feição moralizadora. Contrários à "arte pela arte", os dramaturgos franceses transformaram o teatro numa espécie de tribuna destinada ao debate de questões sociais, com o objetivo de regenerar, civilizar e moralizar a sociedade. Tinham por base os valores éticos da burguesia, tais como o trabalho, a honestidade, a honra, a família, o casamento, a castidade, a sinceridade, a nobreza dos sentimentos, a inteligência. E se empenharam na construção de uma dramaturgia de críticas moralizadoras a certos vícios sociais, como o casamento por dinheiro ou conveniência, a usura, a agiotagem, a prostituição, o adultério, o jogo, o ócio e vários outros.

---

*leoas pobres*, de Augier; *A crise, Dalila, O romance de um moço pobre* e *A redenção*, de Feuillet. Outras peças desse mesmo repertório, como *La question d'argent, Un père prodigue* e *Le fils naturel*, de Dumas Filho, circularam por aqui em forma impressa. A primeira inclusive foi traduzida por Justiniano José da Rocha e publicada em 1858. Sabe-se também que *Le mariage d'Olympe*, de Augier, foi proibida de ser representada pelo Conservatório Dramático, que a julgou imoral. Machado de Assis comenta-a na última crônica que escreveu para *O Espelho*, em janeiro de 1860.

É claro que nas peças escritas de acordo com esses preceitos o realismo é um tanto relativo, porque prejudicado pela visão maniqueísta. Os heróis, por exemplo, são comportados pais e mães de família ou moços e moças que têm a cabeça no lugar; o amor que conta já não é a paixão ardente como a pintaram os românticos, mas o amor conjugal, que deve ser calmo e sereno. Já os vilões, como era de se esperar, não respeitam nenhum valor moral. Podem aparecer na pele de uma prostituta, de um caça-dotes, de um viciado no jogo, de um agiota, de alguém, enfim, que seja sempre uma ameaça à maior instituição burguesa que é a família. Para que o espectador não se confunda em relação aos ensinamentos que deve levar para casa, as peças trazem obrigatoriamente um personagem incumbido de comentar a ação dramática e passar as lições morais aos demais personagens e, sobretudo, ao público: é o *raisonneur*. Sua função é reforçar o que o autor tem a dizer sobre as questões sociais trazidas para a cena.

Quando essa dramaturgia tornou-se freqüente no palco do Ginásio Dramático, nossos intelectuais referiam-se a ela de duas maneiras: "escola moderna" e "escola realista". Machado de Assis, por exemplo, escreveu vários textos de crítica teatral em sua juventude, nos quais podemos localizar as duas expressões. Em um texto de 1858, observou: "Removidos os obstáculos que impedem a criação do teatro nacional, as vocações dramáticas devem estudar a escola moderna."[2] No ano seguinte, ao iniciar sua

---

2. Machado de Assis, *Obra completa*, Rio de Janeiro, Aguilar, 1973, vol. 3, p. 789.

colaboração como crítico teatral do jornal *O Espelho*, afirmou que pertencia à "escola realista", por considerá-la "mais sensata, mais natural, e de mais iniciativa moralizadora e civilizadora"[3].

Assim como Machado, muitos outros intelectuais posicionaram-se a favor do realismo teatral, fazendo nascer uma saudável rivalidade entre os defensores do novo repertório dramático e os adeptos do teatro romântico. Até então, ninguém havia contestado a genialidade do grande ator João Caetano, que tinha atrás de si quase três décadas de sucesso junto ao público. À frente do Teatro S. Pedro de Alcântara, ele havia construído sua glória com um estilo de interpretação grandioso e grandiloqüente, apropriado para o seu repertório de tragédias neoclássicas, dramas românticos e melodramas. Com o surgimento do Ginásio Dramático e com a encenação de peças francesas realistas, que exigiam um estilo de interpretação mais natural, outros artistas se destacaram, tais como Furtado Coelho, Joaquim Augusto, Gabriela da Cunha e Adelaide Amaral. Para uma parcela da intelectualidade, João Caetano começou a parecer anacrônico. Mas como nunca deixou de ter admiradores, até a morte, em 1863, o resultado foi um período marcado por uma disputa acirrada entre duas companhias dramáticas e duas maneiras de conceber o teatro. Isso tornou a vida teatral vibrante, o centro mesmo das preocupações estéticas do momento, envolvendo uma grande parcela dos nossos principais escritores, que se dedicaram ao teatro

---

3. Machado de Assis, *Crítica teatral*, Rio de Janeiro, Jackson, 1951, vol. 30, p. 30.

pelo menos em um período de suas vidas, como autores, críticos, censores ou tradutores.

O que importa salientar é que o Ginásio Dramático não só encenou as peças realistas francesas como abriu as portas para os dramaturgos brasileiros que se apropriaram dos procedimentos dramáticos de escritores como Dumas Filho e Augier. O primeiro foi José de Alencar, que depois de estrear com uma comédia curta – *O Rio de Janeiro, verso e reverso* –, em 1857, teve duas peças encenadas nesse mesmo ano (*O demônio familiar* e *O crédito*) e uma em 1858 (*As asas de um anjo*). As três são legítimas comédias realistas, isto é, peças que se afastam do drama romântico porque se pretendem "daguerreótipos morais", para lembrar a expressão criada pelo próprio Alencar. O que significa isso? Que suas peças são fotografias da vida da família e da sociedade, porém retocadas por um pincel moralizador.

Depois de Alencar, o que se viu foi um verdadeiro movimento teatral em torno do Ginásio Dramático, que acolheu, sucessivamente, entre 1860 e 1865, um número significativo de peças brasileiras, com destaque para as seguintes: *O que é o casamento?*, de José de Alencar; *Onfália* e *Os mineiros da desgraça*, de Quintino Bocaiúva; *Luxo e vaidade* e *Lusbela*, de Joaquim Manuel de Macedo; *A época*, *A resignação* e *O cativeiro moral*, de Aquiles Varejão; *O cínico* e *A túnica de Nesso*, de Sizenando Barreto Nabuco de Araújo; *Sete de setembro* e *Amor e dinheiro*, de Valentim José da Silveira Lopes; *História de uma moça rica*, de Pinheiro Guimarães; *De ladrão a barão*, de Francisco Manuel Álvares de Araújo; *Os tipos da atualidade*, de França Júnior; *Um casamento da época*, de Constantino do Amaral Tavares; *Gabriela* e *Cancros sociais*, de Maria Ribeiro.

Ainda que não se trate de um repertório de obras-primas, algumas peças fizeram enorme sucesso, fato que confirma o gosto e as tendências de uma época. E, se a ruptura com a estética romântica, em certos casos, não se fez de maneira radical, vistas em conjunto essas peças refletem um esforço notável de atualização estética. Há profundas diferenças entre esse repertório e a produção de Gonçalves Dias, Teixeira e Sousa, Carlos Antônio Cordeiro ou Luís Antônio Burgain. Os dramaturgos ligados ao Ginásio deixaram de lado o drama histórico, o passado, e escreveram com os olhos voltados para o seu tempo, com o objetivo de retratar e corrigir os costumes, acreditando que influíam na própria organização da sociedade. Seguindo as sugestões das peças francesas, nossos autores também se voltaram para o universo da burguesia, ainda em formação no Brasil. Não é sem motivo, pois, que os personagens principais das peças brasileiras sejam médicos, advogados, engenheiros, negociantes, jornalistas, isto é, profissionais liberais e intelectuais que constituíam a classe média emergente no Rio de Janeiro dos anos de 1850. Também não surpreende que a defesa da família tenha praticamente monopolizado os discursos dos *raisonneurs*. Era preciso chamar a atenção para os perigos que a ameaçavam, tais como a infidelidade conjugal, a monetização dos sentimentos, a prostituição e a escravidão doméstica.

O que se deve ressaltar, portanto, é que, se por um lado os nossos dramaturgos se deixaram influenciar pelas formas e temas da comédia realista francesa, por outro trataram de abrasileirá-la, trazendo para a cena a nossa paisagem urbana com seus tipos mais representativos e sua marca mais forte: a escravidão[4].

## 2

Dado o contexto em que foram escritas e encenadas as peças desta antologia, podemos agora comentá-las uma a uma. *Os mineiros da desgraça*, de Quintino Bocaiúva, representada pela primeira vez no dia 19 de julho de 1861, realiza com perfeição os ideais da comédia realista. O autor buscou retratar uma parcela da vida social carioca para criticar os seus defeitos morais. No primeiro plano da peça estão dois usurários, Vidal e Venâncio, os mineiros da desgraça do título, que ilustram com os seus negócios escusos e com a agiotagem o mal que causam às famílias honestas e à sociedade em geral. Vamos vê-los em ação nos dois primeiros atos, quando enganam o pequeno negociante João Vieira, sua filha Elvira e o seu guarda-livros Paulo. Esses três personagens são os defensores do trabalho, da honestidade, da honra, ao passo que os usurários são os seus algozes. Venâncio não demonstra nenhuma sensibilidade diante da iminente falência de Vieira. Ganancioso, só quer lucrar. Assim se inicia a peça, opondo de saída os personagens virtuosos e os desonestos,

---

[4]. Informações e reflexões mais detalhadas sobre o realismo teatral encontram-se em João Roberto Faria, *O teatro realista no Brasil: 1855-1865*, São Paulo, Perspectiva/Edusp, 1993.

pois Vidal também entra em cena, simulando ser um homem de bem, dando a entender que vai salvar Vieira da ruína, quando na verdade está interessado em Elvira. Para afastá-la de Paulo, inventa mentiras e destrói a amizade e a confiança que havia entre o negociante e seu guarda-livros.

Fixados os caracteres dos usurários, com um realismo que chamou a atenção da crítica[5], Quintino Bocaiúva passa em seguida à pintura mais vasta do que na época se convencionou chamar de *demimonde*, ou "mundo equívoco", por influência da peça homônima de Dumas Filho, que o Ginásio havia representado em 1856. O *raisonneur* da peça, o jornalista Maurício, o define nestes termos:

> Mundo flutuante que acompanha a sociedade, que se transforma, que se engrandece à custa do que rouba ou recruta em todas as classes úteis. Esses banqueiros fraudulentos, esses rebatedores sem alma, as mulheres sem pudor e as crianças sem virgindade, os sedutores de profissão, os empregados ociosos e concussionários, os juízes prevaricadores, todas essas exceções monstruosas que envergonham a probidade social, que desonram aos companheiros de ofício e que entristecem o coração nacional, tudo isso faz parte desse mundo híbrido e repulsivo. Não há lugar vedado a essa classe de parasitas; eles têm uma representação em todos os lugares, no governo, nas câmaras, nas igrejas, nos salões, nos teatros. Adorados por uns, escarnecidos por outros, detestados por alguns,

---

5. "Vidal e Venâncio são dois tipos de que se acotovelam as cópias diariamente nas ruas da cidade", escreveu o folhetinista Henrique César Muzzio no *Diário do Rio de Janeiro*, de 28 de julho de 1861.

esses aleijões sociais pavoneiam-se altivos, e, pode-se dizer, que têm a primazia das venturas efêmeras; felizmente efêmeras!

Descontado o excesso de retórica – característica das falas dos *raisonneurs* – o que se vê no terceiro ato são alguns dos personagens que pertencem a esse universo. A ação se passa na casa de Venâncio, agora um rico comendador, mas sempre usurário, muitos anos depois dos acontecimentos do segundo ato. O anfitrião dá um baile, o que facilita a reunião de tipos sociais que se afastaram dos valores éticos da burguesia. Assim, passam pela cena, dialogam e se dão a conhecer o afrancesado Ernesto, jovem fútil e preguiçoso, que deve a Vidal; Jorge, amigo de Ernesto; Olímpia, mulher adúltera; um político corrupto; e Maria, quase uma alcoviteira, querendo jogar uma amiga malcasada nos braços de um homem que nem conhece direito. Esses personagens e os usurários formam o lado podre da sociedade que o autor condena, como vimos, na citação acima.

Mas, além de apresentar o nosso "mundo equívoco", o terceiro ato faz avançar o enredo. Somos informados de que Elvira casou-se com Vidal e é muito infeliz. Paulo, por sua vez, foi viver em Portugal, mas está de volta para punir os usurários, pois tem provas de que eles passam dinheiro falso. Como se vê, um enredo simples, que se completa no desfecho, no quarto ato, quando são presos os falsários, porque, nas palavras do *raisonneur*, "não há impunidades eternas" e "a moral é a lei suprema das sociedades modernas".

Machado de Assis escreveu um folhetim bastante elogioso à peça, em que viu "mérito literário" e "alta moralidade". Destacou também a forte presença do *raisonneur*, com suas "censuras aos vícios da sociedade", a reprodução fotográfica do "mundo equívoco" e ressaltou a boa acolhida do público, tocado "no íntimo porque se lhe falou a verdade"[6].

O sucesso de *Os mineiros da desgraça* foi muito grande, como comprovam os jornais da época. Embora tenha seguido os postulados da comédia realista para escrevê-la, Quintino Bocaiúva denominou-a "drama", talvez para deixar claro que se tratava de uma peça séria. Curiosamente, uma das cenas que mais chamaram a atenção da crítica foi justamente uma cena de comédia – no quarto ato –, na qual Maurício, solicitado pelos usurários para fazer um jornal tendencioso, expõe a eles o que pensa que deva ser um jornal. O contraste entre as idéias perniciosas dos vilões e a defesa de uma imprensa justa e honesta é um dos bons momentos da peça. É divertido, irônico, pois Vidal e Venâncio concordam hipocritamente com tudo o que Maurício diz, para, na seqüência, desistirem do jornal. Sente-se nessa cena a mão do autor, jornalista como o personagem, defendendo as suas próprias idéias.

Assim como Quintino Bocaiúva, também Pinheiro Guimarães e Maria Ribeiro escreveram "dramas", com base nos preceitos da comédia realista. A opção por uma designação ou outra foi comum entre os dramaturgos brasileiros, sem que isso tenha provo-

---

6. Machado de Assis, *Crítica teatral*, Rio de Janeiro, Jackson, 1951, vol. 30, pp. 178-86.

cado alguma discussão teórica importante. Alencar, por exemplo, preferiu chamar de "comédias" as peças que escreveu sob a inspiração do realismo teatral. Se as compararmos com as que estão presentes nesta antologia, veremos que são todas da mesma família.

Menos de três meses depois da estréia de *Os mineiros da desgraça*, o Ginásio pôs em cena a *História de uma moça rica*. O sucesso foi maior ainda – mais de vinte representações seguidas, a partir de 4 de outubro, e enorme repercussão na imprensa, por conta dos temas polêmicos abordados: a prostituição e a regeneração da prostituta, os casamentos impostos às filhas pelos pais, o casamento por dinheiro, a mancebia entre homens casados e escravas domésticas.

Pinheiro Guimarães estruturou o enredo da sua peça com base na trajetória da protagonista, Amélia, apanhada em quatro momentos importantes da sua existência. O primeiro é o que precede a escolha do futuro marido. Filha de homem rico e insensível, que só pensa em dinheiro, Amélia ama o primo pobre, Henrique, enquanto é disputada por dois caça-dotes, que hipocritamente se aproximam da família. As cenas revelam o despudor de personagens como os especuladores Magalhães e Antunes, que negociam a quantia que o primeiro pagará ao segundo se o casamento se realizar. Leia-se também o incrível diálogo entre a baronesa de Periripe e seu filho Artur, ambos apenas interessados no dinheiro de Vieira: os conselhos que ela lhe dá para conquistar Amélia são o avesso do que se espera de uma mãe. Nesse sentido, é um diálogo que lembra um conto extraordinário de Machado, "Teoria do medalhão", significativamente escrito na forma de um diálogo teatral entre pai e filho.

Todo o primeiro ato é uma condenação da "aristocracia do dinheiro", que o *raisonneur* da peça define como "a mais estúpida e brutal de todas as aristocracias, e a mais intolerante". Henrique e Amélia serão as vítimas dessa mentalidade que o autor censura, porque coloca o dinheiro acima de valores mais nobres como o trabalho e a inteligência. Vieira separa os jovens e impõe à filha o casamento com Magalhães.

O segundo ato tem por objetivo mostrar que a vida de Amélia se transformou num inferno. O marido a maltrata e a humilha constantemente, não escondendo que está amancebado com a escrava Bráulia. Esposa honesta, ela tudo suporta e até mesmo repele as investidas do sedutor Alberto, que freqüenta a casa e a percebe infeliz. Ao final de quatro anos de sofrimentos, a agressão física torna a situação insuportável e Amélia dá o passo que não queria dar: foge com Alberto, sabendo que será condenada pela sociedade.

Nessa altura, o espectador ou o leitor deverá lembrar-se de que a atitude de Amélia é uma conseqüência do erro cometido por Vieira, aferrado ao costume patriarcal de negar aos jovens o direito de escolher, por amor, os seus parceiros. Pinheiro Guimarães escreveu que essa é a idéia que domina todo o drama, pois quis demonstrar que "casamentos impostos à mulher e celebrados entre indivíduos que por suas índoles, educação, idéias e sentimentos se repelem, casamentos em que de um lado há uma mártir, do outro um especulador, podem levar a mísera sacrificada à mais completa degradação, por bem formada que seja sua alma"[7].

---

7. Pinheiro Guimarães, *Na esfera do pensamento brasileiro*, Rio de Janeiro, I. Amorim e Cia. Ltda., 1937, pp. 189-90.

O primeiro passo da degradação de Amélia foi a fuga com Alberto, que será forçosamente seu amante. Seis anos depois, vamos encontrá-la numa situação ainda pior. O desprezo da sociedade, as humilhações constantes, a miséria e até mesmo a mendicância a levam ao extremo da prostituição. Agora ela é Revolta, a cortesã mais requestada do Rio de Janeiro, por quem os homens fazem qualquer tipo de loucura. Todo o terceiro ato é um quadro da prostituição elegante da cidade, com vários personagens secundários retratando os costumes dissolutos de homens e mulheres que vivem à margem da sociedade, entregues à vida fácil e aos prazeres condenados pela moral burguesa. No plano do enredo, Amélia arma sua vingança contra Magalhães, o causador da sua desgraça, humilhando-o em público.

Peça de estrutura aberta, com largos intervalos de tempo entre os atos, *História de uma moça rica* culmina com a discussão sobre a possibilidade de regeneração da prostituta. Depois de descer todos os degraus da degradação, Amélia encontra apoio em Frederico, um jovem estudante de medicina que se apaixona por ela e que a leva para viver no interior de Minas Gerais, longe do burburinho da corte. Depois de sete anos de expiação, embora esteja viúva, ela ainda não aceita o pedido de casamento do rapaz. Regenerada, trabalha como costureira, ajuda os pobres, mostra-se altiva e digna, incorporando a moral rígida da sociedade da época, que tinha regras diferentes para os homens e as mulheres. Como ela mesma diz a Frederico, que se regenerou de uma vida de vícios, "um homem se regenera e purifica: a mulher nunca! A nódoa que uma vez a poluiu é eterna;

nem todas as suas lágrimas, nem todo o seu sangue a podem lavar".

O tema da regeneração da cortesã foi abordado pelos românticos por um prisma idealizado, que os dramaturgos do realismo teatral francês repudiaram. Em peças como *As mulheres de mármore*, de Barrière e Thiboust, ou *O casamento de Olímpia*, de Augier, a cortesã é pintada como um perigo para as famílias honestas, incapaz de se regenerar, porque, numa expressão que ficou famosa na época, sentirá sempre a "nostalgia da lama". No Brasil, Quintino Bocaiúva criou uma cortesã terrível em *Onfália*, representada em 1860. Mas Pinheiro Guimarães, seguindo o modelo de Alencar em *As asas de um anjo*, de 1858, fez de sua personagem uma vítima dos erros do pai e da brutalidade do marido. Amélia não é má e se regenera, não para se casar, não para reingressar na sociedade, o que seria impossível, mas para viver reclusa com a filha que teve no passado. A maternidade lhe dará forças para enfrentar os remorsos e expiar o pecado da prostituição. Esse desfecho é semelhante ao da peça de Alencar, em que Carolina também se regenera pela maternidade.

*História de uma moça rica* é uma peça vigorosa e corajosa, escrita para provocar o debate das questões sociais que levanta. O último tema que merece considerações é o que se apresenta no segundo ato: a mancebia entre Magalhães e a escrava Bráulia. Pinheiro Guimarães quis mostrar que a escravidão é um mal não apenas para os escravos mas também para os senhores. Alencar já havia demonstrado os malefícios da escravidão doméstica em *O demônio familiar*, apelando para a leveza e a comicidade. O personagem que criou, Pedro, moleque endiabrado e mentiroso, nos diverte com sua esperteza. Pinheiro Guimarães aborda o problema por outro prisma, fazendo de Bráulia uma escrava má, ardilosa, falsa e, ao final, criminosa, pois Magalhães é envenenado por ela.

A peça não é abertamente antiescravista, embora essa seja uma leitura possível para o segundo ato, uma vez que o caráter de Bráulia foi forjado pela sua condição de escrava. Libertar-se dessa herança colonial, pelo menos no ambiente doméstico, é o que sugere o autor, cujo porta-voz, o *raisonneur* Dr. Roberto, define-se como "negrófilo" num diálogo no primeiro ato, que, infelizmente, não aprofunda o debate sobre a escravidão no Brasil.

É na terceira peça desta antologia que encontramos uma condenação explícita da escravidão. *Cancros sociais*, representada pela primeira vez no Ginásio, a 13 de maio de 1865, já revela em seu título o alcance crítico desejado por Maria Ribeiro: denunciar as doenças que afligem a sociedade. A escravidão, evidentemente, é uma delas. Mas há outras, que são evocadas principalmente no primeiro ato e que dão margem a diálogos com função moralizadora. Assim, também nessa peça há uma personagem, Matilde, que sofreu com o casamento, porque o pai lhe impôs um marido que se revelou desonesto e ladrão. Desquitada, ela sofre o preconceito da sociedade, embora se mantenha virtuosa. O casamento por dinheiro ou conveniência é execrado pelo *raisonneur*, o barão de Maragogipe, em diálogo com um dos vilões, o afetado visconde de Medeiros. O tema da regeneração da prostituta é discutido por duas personagens femininas, cada uma defendendo um ponto de vista. Paulina acha que a regeneração é possível e que a prostituta arrependida pode se tornar uma boa esposa e mãe. Matilde, ao contrário, defende a idéia de que a regeneração só é possível no ostracismo, pois a seu ver a pecadora verdadeiramente arrependida sabe que já não tem lugar na sociedade. Por fim, discute-se também a escravidão. O barão de Maragogipe é antiescravista, assim como o protagonista Eugênio, que se orgulha de não ter escravos em casa – todos os seus empregados são trabalhadores livres. Já Matilde, por questões pessoais, não tem muita simpatia pelos escravos, mas defende a abolição do cativeiro em termos explícitos, acrescentando que isso devia ter sido feito logo depois da Independência, uma vez que a escravidão "nos apresenta ao estrangeiro como um povo bárbaro e ainda por civilizar".

Esses vários assuntos que preenchem todo o primeiro ato têm uma dupla função: atingir o espectador/leitor com lições morais e delinear o caráter dos personagens em função das idéias que defendem. Assim, teremos de um lado aqueles que cultuam os valores éticos da burguesia: o barão de Maragogipe, Matilde, Eugênio, sua mulher Paulina e sua filha Olímpia. Do lado oposto, os especuladores, os desonestos visconde de Medeiros e Forbes. Não faltam críticas ao luxo e à ostentação ou elogios à felicidade doméstica nas cenas que preparam a introdução do assunto central da peça: a escravidão, apreendida como uma instituição que deprava, humilha e envergonha as suas vítimas.

No plano do enredo, Maria Ribeiro criou um ponto de partida baseado numa idéia nobre do protagonista: no dia do aniversário de quinze anos de sua filha, vai libertar uma escrava da sua terra natal, a Bahia. Quer dar à menina um exemplo de consideração e bondade para com "essa mísera classe, deserdada de todos os gozos sociais e lançada, como uma vil excrescência, fora dos círculos civilizados".

Nessa altura, de Eugênio só sabemos que é um negociante bem-sucedido no Rio de Janeiro, um homem íntegro, generoso, bom marido, trinta e quatro anos. Ele tem todas as qualidades dos heróis das comédias realistas. O que não sabemos começa a se revelar na última cena do primeiro ato. Quando lhe é apresentada a escrava que vai libertar, finge não conhecê-la, muito constrangido e envergonhado. Mas ela o reconhece, pois um coração de mãe não se engana, mesmo que tenha sido separada do filho quando ele era um menino de cinco anos.

O enredo que se desenvolve ao longo dos outros três atos da peça gira em torno do segredo de Eugênio – o filho branco de uma escrava –, só conhecido pelo seu protetor, o barão de Maragogipe. Paulina nada sabe, claro, e todo o drama do protagonista nasce do medo de ser repudiado pela esposa, porque nasceu escravo, e do remorso por ter repudiado a mãe naquele primeiro encontro. A partir desse ponto o enredo se enovela, o presente se mistura ao passado, onde estão todas as explicações. Maria Ribeiro lança mão de recursos folhetinescos, apela para coincidências forçadas, afasta-se das lições do realismo teatral, deixando em segundo plano a descrição dos costumes, para privilegiar a ação e ao final salvar o protagonista: velhos papéis confirmam que à época de seu nascimento a sua mãe já havia sido libertada. Não pode, portanto, ser vítima de preconceito algum.

As trajetórias de Eugênio e de sua mãe, separados um do outro e vendidos por um especulador quando já eram livres, dão a medida dos sofrimentos provocados pela escravidão. A força do drama está na denúncia que faz desses sofrimentos e dos preconceitos contra o escravo, força que se sobrepõe aos defeitos da forma. Machado de Assis, que aproximou *Cancros sociais* de *Mãe*, de José de Alencar, louvou o assunto escolhido por Maria Ribeiro, observando que "na guerra feita ao flagelo da escravidão, a literatura dramática entra por grande parte"[8].

De fato, não poucos dramaturgos ligados ao Ginásio anteciparam o debate que logo tomaria conta da vida política brasileira. O teatro entendido como uma arte civilizadora e regeneradora da sociedade não poderia deixar de abordar a questão central da escravidão ou mesmo os outros vícios e defeitos morais que ameaçavam a integridade das famílias e do próprio país. Toda uma geração de autores acreditou que o teatro não era apenas diversão, mas também um poderoso instrumento de educação pública.

JOÃO ROBERTO FARIA

---

8. Machado de Assis, *Crônicas*, Rio de Janeiro, Jackson, 1951, vol. 21, p. 418.

# CRONOLOGIA

**1851.** O empresário e ator romântico João Caetano instala-se no Teatro S. Pedro de Alcântara, o maior do Rio de Janeiro. Ele é, então, o primeiro ator de seu tempo, admirado pelo público, louvado pelos folhetinistas e sem nenhum rival à altura de seu talento como intérprete romântico.

**1855.** Em março o empresário Joaquim Heliodoro Gomes dos Santos cria o Teatro Ginásio Dramático, no Rio de Janeiro, e contrata Émile Doux como ensaiador. Em outubro é representada pela primeira vez uma peça do novo repertório francês, da então chamada "escola realista": *As mulheres de mármore*, de Théodore Barrière e Lambert Thiboust. A boa acolhida da crítica e do público leva a empresa a encenar em dezembro outra peça dos mesmos autores: *Os parisienses*.

**1856.** Acirra-se a rivalidade entre o Ginásio e o S. Pedro de Alcântara. Enquanto João Caetano mantém um repertório de tragédias neoclássicas, dramas românticos e melodramas, no Ginásio são representadas peças de Alexandre Dumas Filho (*A dama das camélias*, *O mundo equívoco*), Émile Augier

(*O genro do Sr. Pereira*), Octave Feuillet (*A crise*), Ernest Légouvé (*Por direito de conquista*). Dramaturgos portugueses identificados com o realismo teatral, como Augusto César de Lacerda e Mendes Leal também são encenados. No segundo semestre, Quintino Bocaiúva torna-se crítico teatral do *Diário do Rio de Janeiro* e escreve folhetins de apoio à renovação teatral. A atriz Gabriela da Cunha brilha na cena do Ginásio.

**1857.** José de Alencar inicia sua carreira de dramaturgo. O Ginásio encena sua primeira comédia, *O Rio de Janeiro, verso e reverso*, em outubro; *O demônio familiar*, em novembro; e *O crédito*, em dezembro. A propósito da segunda, Alencar publica um artigo no *Diário do Rio de Janeiro*, no qual confessa que se baseou nos procedimentos dramáticos de Dumas Filho para escrevê-la. Várias peças francesas são encenadas, como *Mercadet*, de Balzac, e *Os hipócritas* de Barrière e Ernest Capendu. A atriz Adelaide Amaral se destaca como "dama-galã".

**1858.** O Ginásio continua a encenar peças francesas e portuguesas. Em maio estréia a comédia *As asas de um anjo*, de Alencar. Depois de três récitas, a polícia tira a peça de cartaz, por considerar imoral a pintura da prostituição no Rio de Janeiro. O autor se defende na imprensa e recebe apoio de vários intelectuais. Estréia de Furtado Coelho no Ginásio, em dezembro, contratado como "primeiro galã".

**1859.** No segundo semestre Machado de Assis torna-se crítico teatral do jornal *O Espelho*. Apóia abertamente o trabalho do Ginásio e elogia os artistas

Furtado Coelho, Gabriela da Cunha e Joaquim Augusto. Em relação ao S. Pedro de Alcântara e João Caetano é bastante severo, como aliás outros jovens jornalistas da época. A rivalidade entre o Ginásio e o S. Pedro de Alcântara continua.

**1860.** Furtado Coelho e Eugênia Câmara inauguram o Teatro das Variedades em abril, com a peça *Dalila*, de Feuillet. Em seguida, encenam *Onfália*, de Quintino Bocaiúva. Outra peça de Feuillet faz sucesso no Ginásio: *O romance de um moço pobre*. Joaquim Heliodoro morre em agosto. Em setembro, os artistas do Teatro das Variedades transferem-se para o Ginásio. É criada a Sociedade Dramática Nacional, cujo primeiro espetáculo, *Luxo e vaidade*, de Joaquim Manuel de Macedo, faz enorme sucesso. Em dezembro é representada *A época*, de Aquiles Varejão. Antes do final do ano, Furtado Coelho e Eugênia Câmara partem para S. Paulo e nos anos seguintes trabalham em várias cidades brasileiras.

**1861.** A dramaturgia brasileira se afirma na cena do Ginásio com sete originais: *O cínico*, de Sizenando Barreto Nabuco de Araújo; *Os mineiros da desgraça*, de Quintino Bocaiúva; *A torre em concurso* e *O novo Otelo*, de Joaquim Manuel de Macedo; *Sete de setembro*, de Valentim José da Silveira Lopes; *História de uma moça rica*, de Pinheiro Guimarães; *A resignação*, de Aquiles Varejão.

**1862.** O bom momento da dramaturgia brasileira continua. No Ginásio são encenadas: *De ladrão a barão*, de Francisco Álvares de Araújo; *Os tipos da atualidade*, de França Júnior; *Amor e Dinheiro*, de

Valentim José da Silveira Lopes; *Um casamento da época*, de Constantino do Amaral Tavares; *Lusbela*, de Joaquim Manuel de Macedo. No Ateneu Dramático, José de Alencar comparece com *O que é o casamento?*, enquanto Machado de Assis estréia como autor dramático com as comédias *O caminho da porta* e *O protocolo*, representadas em setembro e dezembro. Quintino Bocaiúva escreve *A Família*, que fica inédita.

**1863.** Morte de João Caetano. Diminui o número de peças brasileiras em cartaz. Destacam-se *A túnica de Nesso*, de Sizenando Barreto Nabuco de Araújo e *Gabriela*, de Maria Ribeiro.

**1864.** Poucas estréias de peças francesas ou brasileiras ligadas ao realismo teatral. São representadas: *O cativeiro moral*, de Aquiles Varejão; *Os miseráveis*, de Agrário de Menezes; *Punição*, de Pinheiro Guimarães. Machado traduz *Montjoye*, de Feuillet, que não faz sucesso.

**1865.** O repertório realista já não atrai tanto público. Furtado Coelho retorna ao Rio de Janeiro e reassume a direção do Ginásio Dramático. Em maio ele encena *Cancros sociais*, de Maria Ribeiro. O sucesso da opereta *Orphée aux enfers* – estréia em fevereiro no Alcazar Lyrique e chega a mais de 150 representações em dezembro – determina o rumo que tomará o teatro brasileiro nas décadas seguintes.

# NOTA SOBRE A PRESENTE EDIÇÃO

O estabelecimento dos textos desta antologia foram feitos a partir das seguintes edições: *Os mineiros da desgraça*, Rio de Janeiro, Tip. do Diário do Rio de Janeiro, 1862; "História de uma moça rica", in: Pinheiro Guimarães, *Na esfera do pensamento brasileiro*, Rio de Janeiro, I. Amorim e Cia. Ltda., 1937, pp. 485-572; *Cancros sociais*, Rio de Janeiro, Eduardo & Henrique Laemmert, 1866. Foram corrigidos os erros tipográficos, atualizada a ortografia e mantida a pontuação original.

# ANTOLOGIA DO TEATRO REALISTA

Quintino Bocaiúva

# OS MINEIROS DA DESGRAÇA

Drama em quatro atos

Representado pela primeira vez no
Teatro Ginásio Dramático
a 19 de julho de 1861

## PERSONAGENS

JOÃO VIEIRA, *negociante*
ELVIRA, *sua filha*
PAULO, *seu guarda-livros*
VENÂNCIO, *usurário*
VIDAL, *idem*
MAURÍCIO, *jornalista*
ERNESTO
JORGE
MARIA } *mulheres casadas*
OLÍMPIA
O CONSELHEIRO
UM SUJEITO
UMA POBRE
MEIRINHOS, CONVIDADOS, *etc.*

## ATO PRIMEIRO

(*Sala do escritório, decentemente mobiliada, em casa de João Vieira.*)

### Cena I

João Vieira *e* Paulo

João Vieira
Meu amigo, é com as lágrimas nos olhos que lhe anuncio esta desgraça. Há dez anos que me acompanha e que me tem auxiliado com seu trabalho e suas luzes. Sabe perfeitamente que não foram especulações audazes, nem dissipações criminosas as que originaram esta quebra.

Paulo
É também com lágrimas que eu lhe respondo. A ruína de sua casa compunge-me tanto quanto a injustiça de sua opinião a meu respeito.

### João Vieira
Como assim!

### Paulo
Eu era o último empregado de sua casa que lhe merecesse uma despedida tão cruel. Há dez anos que o acompanho com a fidelidade de um filho e a estima de um amigo.

### João Vieira
Oh! pelo amor de Deus, não me faça esta injustiça. Mas, em que podem aproveitar mais os seus serviços e a sua lealdade a um negociante arruinado no fim da sua vida, e que não tarda entregar os bens que lhe restam aos credores impacientes?

### Paulo
Mas eu tinha o direito de acompanhá-lo em sua desgraça, como o acompanhei na sua fortuna.

### João Vieira
Sim e tem mesmo muito em que me auxilie. Esta desgraça não me pesa pelas privações a que me condena e pela vergonha de que me cobre. Pesa-me por minha filha, pobre órfã, a quem sua mãe amara tanto! E que além da miséria vai talvez, em breve, ficar privada do seu único amparo.

### Paulo
Pobre moça!

### João Vieira
Sim; desgraçada, porque encontrou um mau pai, sim, um velho tonto que não soube aproveitar o

tempo da sua fortuna para casá-la convenientemente, dando-lhe um esposo de sua escolha e que a fizesse duplamente feliz pelo amor e pela proteção.

Paulo
E pensou nisso alguma vez, meu amigo?

João Vieira
Muitas. Para dizer-lhe a verdade, eu já o havia escolhido. Um nobre e dedicado mancebo que podia fazer a sua ventura, mas a quem minha atual desgraça, minha dignidade impedem-me de deixar-lhe suspeitar, sequer, que eu tive tal desejo.
Até logo, meu amigo. Necessito falar a alguns dos meus credores. Se antes que eu volte vier alguém reclamar o pagamento de alguma letra, tenha a bondade de dizer-lhe que eu já volto. (*sai*)

Paulo
É um amigo de infância, um homem que eu considerava meu pai, quem esmaga de um só golpe as mais caras esperanças da minha vida! Durante dez anos de uma dedicação sem limites, se teve alguma vez um pensamento para mim, foi um pensamento de proteção, naturalmente, nunca de carinho paternal! Achou-me, talvez, pequeno para ambicionar a mão de sua filha. Sonhava talvez outras grandezas e deixou contudo, que na doce intimidade da família, meu coração se alentasse com uma falsa esperança! Pois bem, hei de aparecer-lhe grande algum dia. Não grande na opulência e no orgulho, mas soberbo na piedade de um afeto enobrecido pela injúria que não mereceu!

## Cena II

PAULO e VENÂNCIO

VENÂNCIO
(*entrando aflito e irritado*)
O Sr. João Vieira?

PAULO
Saiu, mas não tarda, Sr. Venâncio.

VENÂNCIO
Preciso falar-lhe com urgência.

PAULO
Já lhe disse que saiu.

VENÂNCIO
Aposto que está escondido e que recusa falar aos seus credores.

PAULO
O Sr. Venâncio está fora de si. Insulta a dois homens honestos.

VENÂNCIO
Honesto! Que idéia faz o Sr. Paulo da honestidade?

PAULO
Uma idéia incompreensível para os homens como o senhor que vêm sobre o sepulcro de uma probidade arruinada cuspir a injúria e o insulto.

### Venâncio
Sr. Paulo, para mim e para toda a praça, honesto é o homem que paga em dia as suas dívidas e não deixa protestar as suas letras. O Sr. João Vieira já foi honesto.

### Paulo
Sr. Venâncio, mais uma palavra... e pode custar-lhe caro o seu desembaraço.

### Venâncio
Muito bem! Assuste-me, se lhe parece, meu amiguinho. Na casa do devedor de má-fé entra o credor enganado. Traz por si o direito, a lei, a justiça e ainda em cima é ameaçado! Em que país julga viver o senhor?

### Paulo
Sei que infelizmente vivo num país onde a freqüência das desgraças domésticas fez dos homens como o senhor, utilidades sociais. Onde a imprevidência de uns, a vaidade de outros, o erro destes e a incúria daqueles arrasta até os antros da usura as vítimas que desfalecem nos antros da miséria.

### Venâncio
Julga-nos mal, meu amiguinho e se alguma vez precisar, recorra a mim que há de encontrar-me. O Sr. Paulo tem idéias bem esquisitas! O que seria da desgraça se não fôssemos eu e outros? Onde o amparo da viuvez e da orfandade? Onde o alívio da pobreza? Onde a providência das pequenas indústrias e negócios a quem socorremos com os capitais neces-

sários? Onde a probidade dos devedores insolváveis se não fosse a proteção que lhes dispensamos a tempo e à hora?

PAULO
O senhor faz-me rir, não me irrita Sr. Venâncio.
Eu sei que pela sua boca fala a pervertida filosofia deste século de cobre. Eu sei que não só as leis, como a moral social destes tempos, prestam-lhe o apoio de uma autoridade valiosa. Mas eu que ainda tenho fé na consciência humana, que no resgate das culpas pelo cristianismo vejo o prognóstico do resgate futuro da miséria humana, digo-lhe sem rebuço que a sua profissão é uma maldade, que o seu emprego é um crime, que a sua moral é perversa e que o seu direito é um flagelo.
Em resumo, Sr. Venâncio, sei ao que vem. O Sr. João Vieira não pode tardar. Logo que chegue dir-lhe-á ele próprio que foi ao tribunal competente requerer a abertura de sua falência.

VENÂNCIO
O que me diz, Sr. Paulo?!

PAULO
A verdade. Como homem de bem apela para a justiça e entrega à apreciação dos magistrados o julgamento de sua conduta.

VENÂNCIO
Mais uma velhacaria! A última!

PAULO
Sr. Venâncio, retire-se já desta casa.

VENÂNCIO
Estou pronto a fazê-lo, meu amigo, pague-me. Aqui estão as letras já protestadas. O Sr. Vieira quer além disso pregar-me o mono de um rateio barato, mas engana-se. Ou pague-me neste instante, ou saio e volto a penhorar-lhe os bens.

PAULO
O senhor é um miserável, um desalmado!

VENÂNCIO
(*mudando de tom*)
Oh! Sr. Paulo, vejo-o tão queimado neste negócio, tomando tanto as dores pelo Sr. Vieira, que...

PAULO
Acabe.

VENÂNCIO
Que me parece ser o melhor amigo do Sr. Vieira. Eu também não sou tão mau como me julga. Já fui amigo desse pobre homem, e estou pronto ainda a favorecê-lo. Demais, uma obra de caridade satisfaz a consciência; nós ambos somos seus amigos, vamos pois cuidar de um arranjo que o salve.

PAULO
Isso é outro sentir, Sr. Venâncio; faça alguma coisa nesse sentido e conte com a minha gratidão.

VENÂNCIO
Assim como assim, estas letras estão vencidas e protestadas. Penhorar-lhe os bens que lhe restam,

isso é duro, concordo; sei quanto dói a perda de um bem. Olhe, o senhor, se quisesse, podia prestar neste negócio ao seu amigo João Vieira um serviço imenso!

PAULO
Fale, Sr. Venâncio, estou pronto para todos os sacrifícios.

VENÂNCIO
Muito bem. Dou-lhe uma longa espera... não duvido mesmo fazer-lhe alguns adiantamentos... o futuro é de Deus e Deus é o pai de todos.

PAULO
Vamos, depressa, Sr. Venâncio.

VENÂNCIO
O senhor tem um tio, não é verdade?

PAULO
É exato.

VENÂNCIO
Já velho, não é também verdade?

PAULO
Sim, velho.

VENÂNCIO
E que não está mal de fortuna, tem alguma coisa. O senhor é seu único herdeiro.

PAULO
Não sei.

#### Venâncio
Eu sei. Por conseqüência não há de gostar de que ele seja sabedor de seus sacrifícios em bem de estranhos. Há de julgar isso uma rapaziada, pode perder-lhe a confiança e...

#### Paulo
E que mais?

#### Venâncio
Eu sou um homem de segredo. O senhor assina-me umas letrinhas a vencer-se sobre a sua herança. Dou-lhe um prêmio razoável, por ser seu amigo. Olhe, o dinheiro está caro; as melhores firmas tiram-no a 4% ao mês. Eu dou-lhe a 10, capitalizando o prêmio de mês a mês, e largo prazo, serve-lhe? O senhor resgata as letras de seu amigo; faz-lhe presente delas; faz uma linda figura; ele pode ainda ficar rico, o senhor pede-lhe a mão de sua filha, fica feliz, fá-lo feliz, a ele, a ela, a mim, a todos.

#### Paulo
Assim, o Sr. Venâncio presta-se a fazer-me um obséquio. É uma proteção que apenas me custará 10% ao mês...

#### Venâncio
Nem mais um real; garanto-lhe. E note que não lhe peço endosso.

#### Paulo
Adianta-me uns tantos contos de réis sobre a exploração de uma morte próxima.

#### Venâncio
Oh! ele está gozando de muito boa saúde.

#### Paulo
Faz de um sepulcro um balcão e sobre ele estabelece o ágio de uma fortuna provável e de uma honra perdida.

#### Venâncio
Ah! aí vem já o senhor com as suas filosofias. O senhor parece bacharel.

#### Paulo
Não me serve o seu negócio, Sr. Venâncio.

#### Venâncio
(*admirado*)
Não lhe serve! Pois olhe, nenhum amigo meu ainda se benzeu com uma proposta tão doce.

#### Paulo
Se não tem mais nada a propor, pode retirar-se.

#### Venâncio
Então é sempre certo!

#### Paulo
Certo o quê?

#### Venâncio
Que me fazem perder o meu dinheiro, o fruto de meu suor, o meu sangue!

PAULO
O rateio lhe dirá depois.

VENÂNCIO
Qual rateio, Sr. Paulo! Então pensa que me hei de deixar bigodear por um devedor de má-fé, um...

PAULO
Não acabe!

VENÂNCIO
Tem razão. Estou a perder inutilmente um tempo precioso. Até logo, Sr. Paulo.

PAULO
Até depois.

VENÂNCIO
Até logo, Sr. Paulo!

PAULO
Já o despedi.

VENÂNCIO
Há de arrepender-se! Hão de arrepender-se! (*sai*)

## Cena III

PAULO
(*só*)
Que misérias, meu Deus! Que infâmias! Sinto-me acabrunhado. Vejo o futuro esvaecer-se a meus olhos como uma sombra, e sofro sem ter alívio!

## Cena IV

PAULO *e* ELVIRA

ELVIRA
Meu pai já veio, Sr. Paulo?

PAULO
Ainda não, minha senhora.

ELVIRA
Saiu tão aflito!

PAULO
Não pode tardar.

ELVIRA
O senhor estava só?

PAULO
Só.

ELVIRA
Ouvi-o falar tão alto...

PAULO
Foi há pouco.

ELVIRA
E ainda agora me parece tão comovido...

PAULO
Tenho razão para isso. Sabe que seu pai me despediu.

### ELVIRA
(*sobressaltada*)
Meu Deus? E por quê?

### PAULO
Não lhe contou ainda a sua desgraça?

### ELVIRA
Meu pai está sofrendo?

### PAULO
Coitado! Falta-lhe talvez o ânimo.

### ELVIRA
Mas o que foi?

### PAULO
Está arruinado. Os negócios correram-lhe mal e vê-se obrigado a entregar o que lhe resta aos credores.

### ELVIRA
Coitado de meu pai. Sinto por ele, que já está velho e a quem este golpe vai acabrunhar. Não por mim, Sr. Paulo, sabe que a pobreza não me assusta. Tenho mãos; trabalharei para ele. Tomarei meninas para ensinar. Procurarei costuras. E foi por isso que ele o despediu?

### PAULO
Foi.

### ELVIRA
Compreendo; seus serviços não lhe são mais necessários.

PAULO
Nem a minha amizade.

ELVIRA
Oh! isso não! Ele estima-o tanto!

PAULO
Tanto! que nos vai separar! E essa separação custa-me, como se tornasse a perder hoje minha mãe. Tinha-me habituado a ser feliz a seu lado, e ser feliz é tão bom!

ELVIRA
Não aumente minha dor. Eu também tinha-me habituado a estimá-lo tanto! tanto! Éramos irmãos. Crescemos juntos, por assim dizer, somos companheiros há tantos anos, que nem sei como suportarei esta desgraça.

PAULO
Assegura-me que sofrerá com isso?

ELVIRA
E ainda duvida?

PAULO
Não duvido, receio. Há um ditado que diz: longe dos olhos, longe do coração. E eu tenho tanto medo das ausências! Olhe, não tome para si o que lhe vou dizer, mas o coração humano é tão fraco... No primeiro dia da separação, fala a saudade, amarga, viva, pungente. A distância é um obstáculo que irrita, a ausência uma agonia que nada pode acalmar! O coração anseia, luta, desespera, mas não quer deses-

perar. Protesta com sua dor contra a crueldade do destino e intenta aplacá-lo com suas lágrimas. Os sonhos do futuro conjuram a coragem e evocam a fidelidade, a constância, para que lutem por eles. Depois, a dor cede ao cansaço; depois vem a lembrança, triste ainda, mas resignada; depois vêm outras idéias, outros sentimentos, outras distrações e a imagem das principais recordações vai-se apagando como um quadro que se esvaece! Oh! é então que o esquecimento penetra n'alma. Não o chamam pelo seu verdadeiro nome, não. Chamam-lhe desengano, quando é ingratidão! Dizem-no resignação, quando é a frieza, o olvido, a morte que risca da memória do coração o objeto da primeira saudade! Oh! é triste!

ELVIRA
Mas isso não acontecerá, faz uma injúria imerecida à sinceridade de meus sentimentos.

PAULO
Depois; quem sabe! Seu pai já me falou em um noivo que lhe destinava, que será decerto seu marido.

ELVIRA
(*vivamente*)
Não; meu pai é bom; é santo; não me consultou ainda, não é capaz de violentar-me, porque ele me ama e só aspira à minha felicidade. Ele não lhe podia ter falado em um noivo; não o entendeu, não é possível, porque eu o rejeito...

PAULO
Elvira, posso tratá-la assim, não é verdade? Olhe, juro-lhe que só pensei uma vez em casar-me, e a

noiva que meu coração escolheu faria a felicidade de toda a minha vida! Entretanto nunca lhe disse, uma vez sequer – eu a amo! Amo-a porque este amor é a minha existência, o penhor de minha fé em Deus e o laço que me liga a todos os deveres de homem e de cidadão! Não me desampare, porque morrerei; não me esqueça, porque esse esquecimento será a condenação de minha alma; não me prefira por um outro, porque essa preferência será a blasfêmia que me tornará réprobo à sociedade e à religião. Nunca lhe disse nada. Ela ignora tudo, se é que não leu já em meus olhos a inspiração que me agita.

ELVIRA
E ela também o ama, Paulo?

PAULO
Não sei, e esta ignorância é que me mata. Olhe, Elvira, minha irmã pelo coração, diga-me, se estivesse no lugar dessa moça, acharia ousada a minha ambição, era capaz de perdoar-me o impulso de uma fraqueza quando soubesse que era o ídolo de meu amor?

ELVIRA
Não sei o que lhe diria, sei somente que quem quer que ela seja, Paulo, é bem feliz por ter merecido a sua estima, mais feliz do que eu, que, na incerteza do futuro, não tenho mais um sonho que me fale n'alma!

PAULO
Não há de ser assim, Elvira, porque essa santa moça que eu escolhi para minha noiva... és...

ELVIRA
Paulo! Aí chega meu pai.

## Cena V

*Os mesmos e* João Vieira

João Vieira
Minha filha.

Elvira
Meu pai.

João Vieira
Tenho a pedir-te um perdão. Arruinei, sem querer, o teu futuro e aniquilei a tua tranqüilidade.

Elvira
Não pode ser, meu pai, amou-me sempre tanto que isso não é possível. Se alguma desgraça nos fere, resignemo-nos, mas não desesperemos.

João Vieira
Posso dar-te o testemunho de um homem honrado, de um amigo verdadeiro, de Paulo, que bem sabe que não foram loucuras minhas as que me arrastaram à penúria.

Elvira
Paulo, anime-o também; diga-lhe que o futuro é nosso e que Deus não se esquece nunca dos filhos que o adoram.

## Cena VI

*Os mesmos e* VENÂNCIO *com os meirinhos*

UM MEIRINHO
O Sr. João Vieira?

JOÃO VIEIRA
Sou eu.

ELVIRA
(*para Paulo*)
Meu Deus! que homens são estes?

PAULO
São os instrumentos da justiça humana ao serviço dos mineiros da desgraça! São os agentes da lei e do direito, que exalçam o triunfo da maldade sobre as ruínas da virtude em desgraça.

JOÃO VIEIRA
Podem arrolar os bens.

PAULO
(*para Venâncio*)
O senhor é um infame!

VENÂNCIO
Tenha paciência, meu amigo, mas a lei protege-me e os direitos são sagrados.

JOÃO VIEIRA
Nem mais uma palavra, Sr. Venâncio, devo-lhe, pago-lhe.

## Cena VII

*Os mesmos e* Pedro Vidal

Pedro Vidal
Então que é isto?

Venâncio
Meu amigo, como tem passado?

Paulo
Ah! Sr. Vidal, o senhor é um homem rico, caridoso decerto. A desgraça entrou nesta casa e para insultar a pobreza veio a maldade de um credor usurário trazer a ignomínia de presente à vergonha.

Pedro Vidal
Quem ousou assim insultar o meu bom amigo João Vieira?

Venâncio
Era uma continha que tínhamos a ajustar.

Pedro Vidal
És um vil usurário, Venâncio; um desgraçado que não compreendes a grandeza d'alma de um credor honrado. És um miserável.

Venâncio
Então que é isto, é a mim que chamas de usurário?

PEDRO VIDAL
Sim e retira-te. Eu fico responsável pelas dívidas deste velho honrado. Não viste ao menos que esta pobre e singela moça tinha o coração despedaçado?

VENÂNCIO
Isso agora, é outro caso. Ficas com as letras?

PEDRO VIDAL
Com todas quantas tenhas. Sabes que posso comprar a ouro todas as tuas dívidas.

VENÂNCIO
Nesse caso, até logo; queiram retirar-se, meus senhores, até outra vez.

JOÃO VIEIRA
Meu amigo!

PAULO
Sr. Vidal; é um homem de bem!

ELVIRA
Eu lhe agradeço com lágrimas a salvação de meu pai. (*curvam-se todos ante Vidal*)

PEDRO VIDAL
Como é bom... ser bom!

FIM DO ATO PRIMEIRO

## ATO SEGUNDO

(*Sala em casa de João Vieira.*)

### Cena I

PAULO *e* ELVIRA

PAULO
(*junto a uma mesa onde estão os jornais*)
Tem tido muitas afeições em sua vida, Elvira?

ELVIRA
Três apenas.

PAULO
Não é muito, nem é pouco. Pode-me dizer quais elas foram?

ELVIRA
Minha mãe, meu pai e...

#### PAULO
E quem mais?

#### ELVIRA
Ninguém. Não sabe?

#### PAULO
Quero adivinhar.

#### ELVIRA
Ah! sou capaz de dizer-lhe que tenho mais uma.

#### PAULO
Qual!

#### ELVIRA
A estima que nutro pelo Sr. Vidal. Foi ele quem salvou meu pai daquela afronta e quem o tem ajudado depois disso.

#### PAULO
É exato.

#### ELVIRA
Não diziam do Sr. Vidal que era um mau homem, interesseiro, usurário, coração de pedra? Eu própria quase que lhe tinha horror. No entanto estimo-o já.

#### PAULO
Isto serve, Elvira, para ensinar-nos a não descrermos nunca da Providência, nem a fazermos juízos prévios contra a bondade dos outros.

#### Elvira
Olhe o Sr. Venâncio. Fazia-se tão nosso amigo, estava sempre com meu pai, oferecia-lhe tudo e ao cabo portou-se como um mau homem.

#### Paulo
Isto serve também, Elvira, para não sermos fáceis em acreditar na sinceridade de sentimentos que não nos foram manifestados por provas bem reais. Neste mundo há bons e maus. Os bons para serem amados, os maus para serem execrados. Uns que servem a seus irmãos compensando com a caridade a misericórdia de Deus, outros que abusam da clemência divina para se constituírem o flagelo de seus semelhantes. O Sr. Venâncio é destes últimos e o Sr. Vidal... será daqueles.

#### Elvira
Disse isso de um modo que...

#### Paulo
Ficou-me querendo mal?

#### Elvira
Não; mas parecendo duvidoso. (*levanta-se*)

#### Paulo
Não. Fora uma ingratidão. Mas todas as coisas neste mundo, Elvira, têm duas faces: uma que se vê, outra que se não vê; uma que brilha aos olhos, outra que fica oculta no coração. A intenção nem sempre se revela pelo ato externo e nem sempre a pureza dos atos serve para atestar a pureza do secreto desígnio.

#### Elvira
Seja, mas o que não pode negar é que o Sr. Vidal foi generoso, desinteressado, magnânimo. É tão bonito o homem que protege a desgraça!

#### Paulo
E por isso estima-o já, não é verdade? Olhe, Elvira, se ele fosse moço tinha-me feito seu invejoso.

#### Elvira
Por quê?

#### Paulo
Porque já tenho ciúmes da sua afeição por ele.

#### Elvira
Faz mal.

#### Paulo
Eu sei que a bondade é o mais curto caminho para a conquista dos corações, e, teria ciúmes de que ele me roubasse o seu.

#### Elvira
E acha isso possível?

#### Paulo
Não.

#### Elvira
Pois peça perdão pela injúria.

#### Paulo
Far-me-ei culpado só para merecer-lhe o perdão.

## Cena II

*Os mesmos*, João Vieira *e* Vidal

ELVIRA
Meu pai! Sr. Vidal!...

VIDAL
Como está, minha menina?

JOÃO VIEIRA
(*a Paulo*)
Vá, trate-me deste negócio, que preciso hoje mesmo de uma decisão. Elvira, deixa-nos sós, que temos contas a fazer.

VIDAL
Nada, nada. Deixe ficar a nossa Elvira: estou habituado às contas e nunca desfalquei a algibeira com um engano.

ELVIRA
Obrigada, Sr. Vidal; as ordens de meu pai nunca me contrariam. Demais, tenho que fazer.

VIDAL
Não, não, já disse; fique, não nos incomoda.

ELVIRA
Eu já volto. (*sai*)

## Cena III

João Vieira *e* Vidal

VIDAL
João Vieira, sabes que sou teu amigo?

JOÃO VIEIRA
Sei.

VIDAL
Pois quero dar-te um conselho e passar-te uma repreensão.

JOÃO VIEIRA
Aceito o conselho. Mas por que a repreensão?

VIDAL
Porque és um homem velho, mas sem juízo.

JOÃO VIEIRA
Engana-se; vou mostrar-lhe os meus livros e verá que não dei causa à minha ruína.

VIDAL
Não é disso que eu quero falar.

JOÃO VIEIRA
Então a que se refere?

VIDAL
Depois to direi. (*pequena pausa*) Este rapaz que daqui saiu é teu filho?

#### João Vieira
Não; é meu guarda-livros; meu íntimo amigo, posso dizê-lo meu filho, porque estima-me como se eu fosse seu pai.

#### Vidal
És uma criança. Tu o estimas muito?

#### João Vieira
Muito.

#### Vidal
Tens toda a confiança nele?

#### João Vieira
Toda.

#### Vidal
Quererias fazer a sua fortuna, estabelecê-lo bem?

#### João Vieira
Se eu pudesse, sem dúvida que sim.

#### Vidal
Pois tu podes.

#### João Vieira
De que maneira?

#### Vidal
Ah! tinha a fazer-te uma advertência e já me ia esquecendo. Preveniste aos teus principais credores que viessem hoje receber as suas contas?

JOÃO VIEIRA
Preveni, e eles não podem tardar.

VIDAL
Sabes o que me disseram alguns?

JOÃO VIEIRA
Não.

VIDAL
Disseram-me que... homem! Fala-me com franqueza... tens toda a confiança nesse rapaz, nesse teu guarda-livros?

JOÃO VIEIRA
Toda. Por quê?

VIDAL
Por nada. Ando precisado de um moço como ele. E havia de fazer fortuna! Olé! se fazia! Meu irmão está no Rio Grande, mas meu irmão não serve para aquilo. Um rapaz inteligente, de confiança, assim como Paulo, é que me servia. Quererá ele ir para lá?

JOÃO VIEIRA
Não sei.

VIDAL
Assim como assim, tu não precisas dele. Para que diabo hás de tu continuar com o negócio? Em minha opinião, deves liquidar tua casa. Já estás

velho, precisas de descanso, tens uma filha que já é moça e que já pode ser uma dona de casa. Eu tenho em S. Cristóvão uma chacarinha, dou-ta para morares nela, pago todas as tuas dívidas, e... podes ser feliz, podes mesmo fazer fortuna, eu te ajudarei, e demais, se não é hoje é amanhã, precisas casar tua filha. Podes faltar-lhe de um momento para outro, e...

JOÃO VIEIRA
Tenho pensado nisso.

VIDAL
Sim? Já vês. A propósito, e isto fique aqui entre nós, fazes mal em deixar tua filha só na companhia de Paulo.

JOÃO VIEIRA
Por quê? Paulo é um moço honrado e nobre. Há dez anos que vive em minha casa e nunca me deu lugar a suspeitar sequer que ele fosse capaz de uma infâmia.

VIDAL
Homem! a virtude não é o que parece ser virtude. Além disso, a ocasião é que faz o ladrão. Sei bem que Paulo é honrado, tanto que o estimo e desejo fazer-lhe carreira, mas o mundo, o mundo não olha bem para essas facilidades... Têm-se visto coisas... e... queres saber quanto aprecio as qualidades desse mancebo, olha, não duvido dar-lhe uma sociedadezinha se ele quiser ir para o Rio Grande.

### Cena IV

*Os mesmos e* PAULO

PAULO
Aqui estão os papéis.

JOÃO VIEIRA
Eu vou ao escritório e já volto.

### Cena V

VIDAL *e* PAULO

VIDAL
Sr. Paulo, falávamos a seu respeito.

PAULO
Em mim?

VIDAL
Sim, a seu respeito. O senhor é moço trabalhador, honesto, deve fazer carreira e tratar de ajuntar o seu pecúlio. Em minha opinião o senhor deve abandonar o Rio de Janeiro. O comércio aqui está cheio demais. As casas regurgitam de empregados. Há de lhe ser difícil achar um arranjo. Demais a corte é um abismo, meu amigo. As seduções, os teatros, os bailes, as mulheres, tudo concorre para perverter o espírito da mocidade que se habitua às coisas frívolas, à ociosidade, etc., etc. Sei bem que o senhor é um

moço que faz exceção desses peralvilhos *petimetres* que por aí andam a trocar as pernas pela rua do Ouvidor, mas olhe o senhor mesmo, contra sua vontade, talvez adquiriu certos hábitos que lhe há de custar a deixar.

Paulo

Pode ser, mas estou resolvido, Sr. Vidal, a lutar pela vida mesmo aqui na corte. Tenho razões para isso.

Vidal

Faz mal, meu amigo, faz mal. Agora mesmo acabava eu de consultar o seu amigo a respeito de um bom negócio. Era um arranjozinho que eu lho fazia. Três contos por ano de ordenado seguríssimo; sociedade nos lucros que lhe podem render, assim como uns quatro contos mais, o que tudo junto faz sete contos anuais, uma excelente renda para um moço solteiro e uma bela posição, uma excelente posição! Mas não lhe serve... não lhe serve. O negócio é no Rio Grande, e, como o senhor não quer sair da corte, não pode ser. Ficará para outro: não faltará quem queira; o senhor é orgulhoso.

Paulo

Sr. Vidal, a proteção dos homens bons não me humilha, exalta-me, porque é o testemunho de algum mérito da minha parte. Se me fala de um negócio sério, peço-lhe algum tempo para refletir. É possível, é provável até que dentro de pouco tempo eu me utilize do seu favor e venha a dever-lhe a minha felicidade.

#### VIDAL
Estimarei muito, meu amiguinho, estimarei muito.

#### PAULO
Sr. Vidal, quero confiar-lhe um segredo e pedir-lhe um serviço.

#### VIDAL
Fale, fale.

#### PAULO
Amo a uma donzela e desejo casar-me. Se consigo a realização deste sonho e se o senhor concorre para isso, disponha sem condições dos meus serviços e da minha vida. O seu generoso proceder para com o meu velho amigo indica-me que seu coração é tão nobre, como é magnânimo o seu cavalheirismo.

#### VIDAL
Então, quer casar-se? Veja bem o que faz. E quem é a moça?

#### PAULO
Elvira.

#### VIDAL
A filha de seu amo!

#### PAULO
De meu amigo, Sr. Vidal!

#### VIDAL
Quero dizer, esta menina filha de João Vieira?

#### Paulo
Ela.

#### Vidal
O senhor é um moço infeliz e digno de melhor sorte.

#### Paulo
Por quê, Sr. Vidal?

#### Vidal
Porque teve a desgraça de dedicar o seu amor justamente àquela que tinha de não pertencer-lhe.

#### Paulo
Como assim?

#### Vidal
É uma desgraça; imagino que há de sofrer muito, mas tenha coragem. O homem nasceu para lutar com as contrariedades. Essa moça já está prometida e ainda há pouco falava-me seu pai acerca desse negócio. Olhe, quem faz o dote da noiva, sou eu.

#### Paulo
Sr. Vidal; diga-me que não estou sonhando. Essa moça, e eu confio de sua honra este segredo, não pode pertencer a outro, porque me ama também, porque assegurou-me que nunca pertenceria a outrem por sua vontade.

#### Vidal
Oh! meu amigo, diga-me agora também que eu não estou sonhando. Nunca ouviu dizer ao Vieira que pensava em casar sua filha?

#### Paulo

Sim; falou-me até num noivo, mas ela jurou-me que seu pai não a faria infeliz casando-a contra a sua vontade.

#### Vidal

Esta agora é melhor! veja o que eu lhe dizia Sr. Paulo, a corte, as mulheres... Como é pois que ainda há pouco nesta mesma sala, deu ela o seu consentimento, livre, espontânea e alegremente?

#### Paulo

Ah! estala-me o coração!

#### Vidal

Não se entregue ao desespero. Um moço como o senhor deve encarar a desgraça, frente por frente. Vejo agora que fiz bem em não querer aceitar os seus agradecimentos pela parte que eu tomava neste negócio. Uma moça que se porta por esse modo, não dá boa idéia de si, Sr. Paulo; eu queria concorrer para seu bem, mas não esperava ter de oferecer-lhe uma consolação e um alívio por tão inesperado infortúnio. O que lhe disse, está dito. O paquete parte amanhã e as ordens, escrevo-as num momento.

#### Paulo

Partir! É uma vingança! inútil, sim, mas sempre uma vingança! sua felicidade será um escárnio à minha dor: sua traição um insulto à minha presença! Ah! estúpida cabeça! estúpido coração! que nem compreendeste nem sentiste a chama da perfídia oculta sob o gelo daquela candura dissimulada! Meu

Deus! se as criaturas que parecem teus anjos, mentem assim com tal infâmia, o que esperar dessas infelizes perdidas que doidejam no paul da corrupção! Mas a minha dignidade, o meu orgulho? Seu pai tinha razão, era preciso procurar-lhe um noivo. Ela também tem razão. Vê a miséria estalar as paredes da sua casa, como uma parasita envenenada, abraça o dote que lhe dá a riqueza, no seio de outro homem que pôde inspirar por si mais simpatia! Sr. Vidal, estou pronto a partir. Beijo-lhe as mãos pelo serviço que me presta. Volto dentro de pouco e amanhã estou às suas ordens. Sim, partirei, sem dar a perceber sequer as agonias que me pungem n'alma. Serei frio, indiferente, inerte, sobranceiro à humilhação da minha desgraça!

VIDAL
Este rapaz tem gênio... há de subir.


### Cena VI

VIDAL *e* JOÃO VIEIRA

JOÃO VIEIRA
Paulo retirou-se?

VIDAL
Sim; mas disse que voltava. É um rapaz de juízo.

JOÃO VIEIRA
Se o é!

VIDAL
Deve de ser muito teu amigo.

JOÃO VIEIRA
Estou seguro disso.

VIDAL
Não me disseste que já tinhas pensado em casar tua filha?

VIEIRA
É exato.

VIDAL
Pois olha, e não tomes isto como insinuação, não hás de achar muitos noivos como Paulo.

VIEIRA
É dessa opinião?

VIDAL
Sim; é um moço honesto, trabalhador e demais não lhe há de faltar proteção.

VIEIRA
Sinceramente já o amo como se fosse meu filho, e, bem que nunca lho declarei francamente, tinha-o já destinado para meu genro.

VIDAL
É uma escolha acertada.

VIEIRA
Estimo que assim o penses.

VIDAL
Sabes que ele veio pedir-me um favor?

VIEIRA
Qual? Já o adivinho decerto.

VIDAL
Naturalmente. Veio pedir-me que lhe arranjasse um emprego para fora daqui.

VIEIRA
Como! Pois ele falou-te em tal?

VIDAL
Sim; expôs-me suas circunstâncias, abriu-me seu coração, disse-me que em tua casa nada poderia adiantar, que é moço e que precisa fazer pela vida e demais que, como empregado da tua casa, hoje falida, ser-lhe-ia um tanto difícil achar uma outra aqui que o aceitasse sem desconfianças. Achei-lhe razão até certo ponto e, ainda por teu respeito e mesmo porque precisava, ofereci-lhe empregá-lo no Rio Grande. Ele aceitou.

VIEIRA
Paulo então expôs-te todas essas circunstâncias?

VIDAL
É um rapaz bem vivo!

VIEIRA
Sim, vejo-o agora, mas nunca o imaginei tal. Bem vivo decerto, e bem hipócrita!

VIDAL
Por quê? Não tens razão de dizer isso.

VIEIRA
Como me enganava! Esta desgraça dói-me ainda mais do que a primeira.

VIDAL
Homem! Pelo rapaz querer empregar-se e partir daqui não vejo motivo para o maltratares. Isso prova até em favor dele.

VIEIRA
Sim; mas não precisava pedir hipocritamente que eu lhe deixasse acompanhar-me em um infortúnio, contra o qual acha hoje prudente tomar suas cautelas.

VIDAL
Já te disse que não tens razão.

VIEIRA
É uma ingratidão sem nome.

VIDAL
Qual!

VIEIRA
Sabendo que eu o destinava para meu filho!

VIDAL
Sabendo como? Deste-lhe alguma vez a entender isso?

VIEIRA
Sim.

VIDAL
Isso agora é outro caso. Pois olha, tenho pena de que ele se portasse assim para contigo. Eu não sabia. Pois esse rapaz é tão vivo que me enganou! Falou-me com tal ingenuidade que acreditei nele. Sinto-o bem: era um bom casamento para a nossa Elvira! Sabes que mais, não me servem a mim também ingratos dessa ordem.

VIEIRA
Vou ajustar-lhe as contas e despedi-lo.

VIDAL
Nesse caso, também o não quero para meu empregado.

## Cena VII

*Os mesmos e* PAULO

PAULO
(*severo*)
Meu amigo...

VIEIRA
(*frio*)
Já lhe falo, Sr. Paulo. (*sai e volta dentro de pouco*)

### Paulo

Sr. Paulo! Vê, Sr. Vidal, à simples aproximação da realidade de seus desejos, trata-me com frieza. Desdenha na véspera da fortuna aqueles que o consolaram no dia da desgraça! O senhor, Sr. Vidal, tem de ser duas vezes generoso para com este pobre homem transtornado em seu caráter pelos golpes de um grande infortúnio. Generoso para socorrê-lo e generoso para perdoar-lhe. Meu Deus! como se passam rápidas as transformações da vida.

### Vidal

Sr. Paulo, sinto que o senhor me obrigue a faltar pela primeira vez à minha palavra. O senhor não devia ter atraiçoado a confiança do homem que se oferecia para fazer a sua fortuna.

### Paulo

Não o entendo, Sr. Vidal, ou eu estou louco.

### Vidal

É possível. O que seu antigo amo e amigo acabou de dar-me a perceber a seu respeito não o abona. Quem abusa da confiança de um amigo, é incapaz de ser grato a um benefício!

### Paulo

Isso é uma nova afronta, porque não devo chamá-la uma nova desgraça! Quem ousa aqui caluniar-me?

### João Vieira
(*entrando*)

Sr. Paulo, sei que está resolvido a retirar-se desta casa. Eis as suas contas e o dinheiro que lhe resto.

PAULO
Não é dinheiro que eu venho pedir-lhe, Sr. Vieira; as contas de meu salário estão justas, mas não as da minha honra! O senhor desonra-me e assassina-me!

JOÃO VIEIRA
São escusadas mais palavras, Sr. Paulo, limito-me a dizer-lhe que o senhor é um moço infeliz!

### Cena VIII

*Os mesmos e* ELVIRA

ELVIRA
Que é isto, meu pai? Paulo!

PAULO
Minha senhora.

JOÃO VIEIRA
Pode retirar-se quando queira, senhor; não serei eu quem lhe embargue os passos.

ELVIRA
Paulo, então parte?

JOÃO VIEIRA
Não lhe dês mais esse nome, minha filha. Para ti deve de ser hoje um estranho!

PAULO
Já eu me tinha feito estranho, Sr. Vieira! Até um dia, senhor!

####### ELVIRA
Paulo!

####### PAULO
O que deseja, minha senhora?

####### ELVIRA
Paulo!

####### PAULO
O que deseja, minha senhora?

####### ELVIRA
Nada!

####### VIDAL
*(ao fundo)*
Há de ser minha!

## FIM DO ATO SEGUNDO

ATO TERCEIRO

(*Sala de descanso, em casa do comendador... é noite; há baile. Ouve-se música, etc.*)

## Cena I

Maurício e Paulo

PAULO
Previno-o, meu amigo, de que vai ter um grande trabalho. Instituí-o meu cicerone. Sinto-me estranho no meio deste mundo, sinto-me até estrangeiro. Há pouco tempo que freqüento esta sociedade, conheço de há poucos dias ao dono e à dona da casa, já vê que hei de precisar informações a respeito de tudo e de todos.

Maurício
Não se incomode: é trabalho que não me custa. Se quer ir para a sala, vamos; mas em minha opinião devemos ficar aqui.

PAULO
Dizem que é muito rico, este comendador.

MAURÍCIO
É exato; mas não se lhe conhece bem a origem da fortuna.

PAULO
Não será difícil conhecê-la; sabe que em nosso país quase todas as grandes fortunas explicam-se pelo tráfico.

MAURÍCIO
Algumas; outras explicam-se pelas traficâncias.

PAULO
A dona da casa me parece ser uma excelente senhora.

MAURÍCIO
É uma linda mulher.

PAULO
Não me refiro ao físico.

MAURÍCIO
Isso entendi eu, mas cada um diz o que sabe e fala do que conhece.

PAULO
Então, não a conhece de perto?

#### Maurício
De muito perto, não o posso dizer, nem de muito longe também. Mas desde que eu lhe digo e desde que o senhor tem consciência de que ela é uma linda mulher, que mais quer saber?

#### Paulo
Quero saber-lhe da alma. Sabe que não sou homem que me prenda nas exterioridades. Tenho sido muito enganado para deixar-me assim levar pelas aparências. Por isso mesmo que as decepções tornaram-me cético e desencantado, a justiça de meu caráter impõe-me o dever de informar-me sobre o caráter das pessoas com quem lido.

#### Maurício
Já vejo que o senhor nunca estudou filosofia.

#### Paulo
Ao contrário, os meus amigos chamam-me de filósofo.

#### Maurício
O senhor nunca ouviu dizer que a alma é impalpável? Como quer, pois, que eu lhe aquilate a alma dessa moça?

#### Paulo
Nesse caso, essa pobre moça vale só o que mostra?

#### Maurício
E não é pouco. Ah! meu caro Sr. Paulo, vejo que ainda está muito atrasado sobre isto a que nós cha-

mamos indevidamente, a boa sociedade. Pois meu amigo, não o trouxe aqui nem para comer pastéis, nem para tomar sorvetes. Trouxe-o para ficar conhecendo o círculo dos seus naturais adversários, porque o senhor é um homem de bem e para... para outra coisa que o senhor sabe melhor do que eu.

PAULO

E terei a ventura de encontrar o meu homem.

MAURÍCIO

É muito natural que não falte: ele tem nesta casa o seu lugar marcado.

PAULO

Por quê?

MAURÍCIO

Porque esta é a *espelunca latronum* de que fala a escritura, o *pandemonium* onde freqüentemente se encontram todas as altas figuras desse círculo de agiotas, especuladores, prevaricadores de todas as ordens, desde o ministro que vende os seus despachos até o juiz que vende as suas sentenças, desde o banqueiro que faz as altas e as baixas da praça do comércio até o rebatedor sobre penhores.

PAULO

E foi para mostrar-me isto, que tanto se empenhou para trazer-me?

MAURÍCIO

Foi.

PAULO

É singular!

MAURÍCIO

Não deixa de ser. Olhe, Sr. Paulo, eu também freqüento esta casa e não perco reuniões desta ordem, sabe por quê?

PAULO

Não.

MAURÍCIO

Porque venho aqui aprender a amar cada vez mais a virtude!

PAULO

Sim?

MAURÍCIO

Sim; e não se admire. É vendo a perversão destas salas; as misérias que aqui se ostentam; o luxo que corrompe; a vaidade que cega; é vendo a riqueza desonesta acatada e bajulada enquanto se olha com desprezo para a mediania honrada; vendo certos homens de representação social, mas de uma triste representação, ostentarem fulgurosos as galas adquiridas a troco de infâmias; vendo certas moças infelizes virem aqui perder a virgindade de sua alma ao bafejo pestilencial desta atmosfera envenenada; vendo certas mulheres trocarem publicamente a honra de seus maridos e o nome de seus filhos pelas carícias transitórias de meia dúzia de estouvados ou de pervertidos, que eu aprecio, admiro, venero e amo a santidade dos lares domésticos que se conservam puros, o encanto dessas convivências íntimas onde a amizade expande-se franca, sem medo de que a traição ou a perfídia contamine as confidências do coração.

#### PAULO

Então, segundo diz, não freqüentam esta casa pessoas honestas.

#### MAURÍCIO

Não digo tanto, aqui estou eu, aí está o senhor, aí hão de estar outros. Que quer, meu amigo, a sociedade está organizada por tal forma que não há meio de evitar esta mistura. E aqui entre nós, se os homens honestos fossem a fazer sociedade à parte, olhe que havia de ser uma sociedade bem aborrecida! Aqui, há mais uma vantagem.

#### PAULO

Qual?

#### MAURÍCIO

É que os homens honestos tornam-se distintos.

#### PAULO

Como em toda a parte.

#### MAURÍCIO

Aqui mais do que em parte alguma. Fazem o efeito de uns salpicos de cal numa casaca preta, já viu?

#### PAULO

Meu amigo, assim desencanta-me.

MAURÍCIO
Não é essa a minha intenção. Sou franco porque falo a um homem de espírito. Demais, sou um navegador esperto destes mares e é meu dever fazer-lhe o mapa e indicar-lhe os parcéis perigosos. Não são todos os Ulisses os que escapam destas ilhas flutuantes. Há de ter ouvido acusar o nosso teatro de ser mais francês do que nacional, não é exato?

PAULO
Muitas vezes.

MAURÍCIO
E como não há de sê-lo, se francesa é a nossa sociedade, franceses os nossos vícios, franceses os nossos estudos, os nossos costumes, o trajo, as modas, a conversação, enfim tudo? Ah! meu amigo, se a França nos desse em espírito o que nos manda em quinquilharias, éramos uma grande nação! Mas como só lhe tomamos, e por bom preço, o que ela tem de mais insignificante, de pior, chamam-nos, com razão, um povo de macacos. Não se incomode com o epíteto.

PAULO
Ao contrário, concordo com ele.

MAURÍCIO
Pois bem; nós temos igualmente o nosso mundo equívoco. Mundo flutuante que acompanha a sociedade, que se transforma, que se engrandece à custa do que rouba ou recruta em todas as classes úteis. Esses banqueiros fraudulentos, esses rebatedores sem alma, as mulheres sem pudor e as crianças sem

virgindade, os sedutores de profissão, os empregados ociosos e concussionários, os juízes prevaricadores, todas essas exceções monstruosas que envergonham a probidade social, que desonram aos companheiros de ofício e que entristecem o coração nacional, tudo isso faz parte desse mundo híbrido e repulsivo. Não há lugar vedado a essa classe de parasitas; eles têm uma representação em todos os lugares, no governo, nas câmaras, nas igrejas, nos salões, nos teatros. Adorados por uns, escarnecidos por outros, detestados por alguns, esses aleijões sociais pavoneiam-se altivos, e, pode-se dizer, que têm a primazia das venturas efêmeras; felizmente efêmeras!

PAULO
Acho-me então no meio desse mundo?

MAURÍCIO
Asseguro-lhe que acha-se em pleno mundo da lua. Vai assistir à desfilada de grande número desses caracteres corrompidos que são o desdouro da geração que os suporta. Como no armazém de um adelo vai achar de tudo: homens que traficam com a sua consciência, que especulam com a miséria de seu semelhante; mulheres que brincam com a honra de seus lares como se fosse uma jóia sem preço, que acarretam ao círculo de sua degradação as inexperientes convivas de seus festins, que facilitam o caminho da perdição e vão adiante da miséria, convidá-la para sua sócia; moços estouvados ou pervertidos que abstraem dos seus escrúpulos para se afogarem em prazeres condenados e que todos reunidos, no entretanto, fazem uma sociedade amena, elegante, sedutora, cheia de mil encantos.

PAULO
E o que me aconselha que faça?

MAURÍCIO
O mesmo que eu faço, estude, aprenda, goze, mas não se comprometa, seja acessível, mas não se alie. Vai já ter um exemplo.

## Cena II

*Os mesmos*, ERNESTO *e* JORGE

ERNESTO
Adeus, Maurício.

MAURÍCIO
Vivam. Quero apresentar-lhes o meu amigo, o Sr. Paulo Dorval.

ERNESTO
*A la bonne heure!* Um amigo é sempre bem-vindo.

JORGE
Sr. Dorval, disponha de mim.

PAULO
Muito obrigado, meus senhores.

MAURÍCIO
Vê o que lhe disse. Este meu amigo é um dos tais. Gosta de adubar a conversação com o sal francês.

JORGE
*(atirando-se em um divã)*
Vivam os sofás estofados! Se algum dia for capitalista, hei de mobiliar minha casa a capricho. Para mim os móveis de uma sala valem os retratos dos donos da casa.

MAURÍCIO
E até aí vás de acordo com a teoria da época. A aparência entre nós é tudo.

ERNESTO
Se este Maurício perdesse a mania de filosofar a propósito das coisas mais insignificantes, podia tornar-se um excelente rapaz.

PAULO
Acha que é defeito?

ERNESTO
Horroroso!

JORGE
Inadmissível em um homem de espírito.

ERNESTO
*Ma foi!* Ridículo!

MAURÍCIO
Sim, sim, vocês têm razão. De fato, que importa ao mundo que não tem consciência, que, segundo a frase da escritura, só vê pelos olhos da carne, que a miséria ou a desgraça lavre no coração das famílias,

se elas aparecem nos bailes e nos espetáculos, se trajam sedas e veludos, se calçam luvas de pelica e ostentam uma fortuna contra a qual protestam os seus embaraços domésticos?

ERNESTO
Não sejas exagerado; para responder-te cabalmente fora mister fazer aqui uma preleção de economia política, o que é impróprio de moços de espírito, e sobretudo absurdo na sala de descanso de uma casa onde há um baile.

JORGE
Especialmente quando rapazes elegantes como nós têm a estupidíssima idéia de desertar do salão para virem fumar em uma sala retirada.

PAULO
Acho-lhes razão.

MAURÍCIO
Pois tudo aqui, ao contrário, incita-me à reflexão. Este comendador, por exemplo, que dá partidas todas as semanas, que possui um palácio, trens luxuosos, etc., etc., é uma das muitas existências misteriosas que observamos em nosso mundo.

ERNESTO
Não sei por quê.

JORGE
Um capitalista nunca foi um mistério.

MAURÍCIO

Um capitalista! Eis aí a palavra sibilina que explica tudo. Pela minha parte, confesso, que ainda não pude fazer uma idéia exata do que seja um capitalista.

JORGE

Pois é simples.

MAURÍCIO

Talvez.

ERNESTO

Que tens a dizer dele?

MAURÍCIO

Quase nada; é um indivíduo que dá pouco que falar aos homens como eu.

JORGE

Não é ele amável?

MAURÍCIO

É.

ERNESTO

Não nos diverte por todos os modos?

MAURÍCIO

Sem contestação.

JORGE

Não reúne em sua casa o que nós chamamos a boa sociedade?

MAURÍCIO
Não contesto nada disso.

JORGE
E não é casado com uma linda mulher?

PAULO
Levaram-no à parede, como se diz em frase escolástica.

MAURÍCIO
Não sou o mais competente para responder.

ERNESTO
Por quê?

MAURÍCIO
Porque não devo... principalmente diante de vocês.

JORGE
Oh! isso agora é que é misterioso: não aceito a evasiva.

ERNESTO
Nem eu.

MAURÍCIO
Pois então, porque... não quero. Vocês aceitam a frase assim, pouco polida?

JORGE
Quando não há prata para se me fazer o troco, aceito-o mesmo em cobre.

MAURÍCIO
A verdade é a seguinte: em caso de necessidade eu defenderei a mulher pelo marido, enquanto vocês defendem o marido pela mulher.

JORGE
No que procedemos como cavalheiros.

MAURÍCIO
E mesmo como homens de espírito, segundo a frase contemporânea.

ERNESTO
Estás em mau dia, Sr. Dorval, não acha?

PAULO
Eu observo a questão de um campo neutro.

MAURÍCIO
Afinal vocês são irrefletidos mas não malvados, levianos mas não infames, libertinos mas não dissolutos.

JORGE
És muito generoso.

MAURÍCIO
Não, sou muito justiceiro. Mas esses outros, esses a quem a sociedade defende quando os atacam, esses por quem ela se ofende quando os ofendem; esses sim, são perversos, ignóbeis. Para desafronta social e satisfação das consciências indignadas, sabem vocês o que eu desejava?

#### JORGE
Vejamos.

#### MAURÍCIO
Desejava que a sociedade inteira pudesse ouvi-los quando se expandem, ou penetrar-lhes nas consciências quando se refolham, para corar e enraivecer-se, conhecendo o juízo que eles formam dela. Para esses senhores tudo se vende e tudo se compra. Não há probidades inteiriças nem caracteres inexpugnáveis. Acreditam ter na sua bolsa o filtro mágico da sedução; irritam-se à menor resistência; não compreendem o desinteresse, nem a justiça, nem a lei, nem o direito que se não regule pela bitola dos seus desejos, dos seus caprichos ou dos seus interesses. E calcinados pela infâmia, desdenham de tudo o que é nobre, sorriem de tudo o que é generoso e só têm louvores e admiração para os que são tão baixos como eles. Asseguro-lhes que é uma miséria!

#### ERNESTO
E eu asseguro que estás hoje muito maçante.

#### MAURÍCIO
Pode ser.

#### JORGE
Vamos para o salão?

#### ERNESTO
Vamos; tenho um passeio prometido.

#### MAURÍCIO
Pois eu fico.

#### Paulo
E eu também.

#### Jorge
O Sr. Dorval não dança?

#### Paulo
Às vezes.

## Cena III

Maurício *e* Paulo

#### Paulo
Estou ansioso, meu amigo, por chegar ao resultado de meu plano. Não é uma vingança que premedito, é um castigo. Hei de salvar a essa mulher e hei de condenar esse homem. Porque essa mulher é uma infeliz e esse homem um malvado, um verdugo.

#### Maurício
Faça-o, mas não se precipite. A partida é arriscada, e ele tem em seu favor mais cento por cento do que o senhor.

#### Paulo
Não creia. Tenho-o em meu poder.

#### Maurício
Explique-se, porque ainda está muito misterioso.

#### Paulo
O miserável não me conhece, mas eu conheço-o. Há algum tempo que se corresponde comigo e ig-

nora que seja eu o seu solícito correspondente. E asseguro-lhe que não vim de Portugal neste paquete, senão para consumar a minha obra. Tenho em minhas mãos as provas de seu crime.

### Maurício
Qual crime?

### Paulo
Passador de notas falsas. Escuso dizer-lhe o modo por que cheguei à verificação desse delito. Basta-lhe saber que tenho os documentos em meu poder. Vamos ver se o encontramos?

### Maurício
Como queira. (*saem*)

## Cena IV

Ernesto *e* Olímpia

### Ernesto
Não continue a maltratar-me.

### Olímpia
O senhor é ingrato e cruel. Não recompensa o meu amor nem atende aos sacrifícios que faço. E eu amo-o tanto! Seja um crime ou uma desgraça, este amor é a minha vida. Dei-lho, por que o enjeita?

### Ernesto
O ciúme torna-a suspeitosa. Não tem razão.

OLÍMPIA
Oh! jure-me que ainda há pouco não me traía.

ERNESTO
Juro-lhe.

OLÍMPIA
Agora aceite um conselho; seja prudente e cauteloso. Por mim... pelo senhor... Se soubesse o que ainda hoje se passou! Chorei muito, mas triunfei.

ERNESTO
Farei o que me ordena. Ah! creio que vem alguém.

OLÍMPIA
Que contrariedade. Onde me poderei esconder; não quero que me encontrem aqui só...

ERNESTO
Oculte-se neste gabinete.

## Cena V

ERNESTO *e* VIDAL

VIDAL
Estimo encontrá-lo só, Sr. Ernesto.

ERNESTO
Estou às suas ordens.

#### VIDAL
O senhor é um moço que não tem amor à sua reputação.

#### ERNESTO
Por quê, Sr. Vidal? Por que não pude ser-lhe agradável a respeito do seu negócio?

#### VIDAL
O senhor tem bonitas palavras, mas são elas um tanto obscuras. Eu me explico melhor...

#### ERNESTO
Não é necessário; sei ao que se refere, e, amanhã, sem falta...

#### VIDAL
Amanhã! O senhor supõe-me uma criança? Caloteia-me e quer escarnecer-me.

#### ERNESTO
Sr. Vidal!

#### VIDAL
Moço, não grite, porque de nós dois sou eu quem aqui tem o direito de elevar a voz. Sabe que depende de mim, sabe que o tenho em minhas mãos, seja humilde.

#### ERNESTO
Em resumo, Sr. Vidal, não é este o lugar próprio para tratarmos de negócios; em minha casa...

VIDAL

Em sua casa! De que me serve isso, se se esconde quando o procuram? Se evita os seus credores, mentindo?

ERNESTO

Pois bem, daqui a pouco... Mas, Sr. Vidal, é uma violência e uma maldade o que pratica comigo. Sabe que se lhe não pago, é porque não tenho dinheiro.

VIDAL

É muito boa razão, mas não me serve. Estou cansado de esperar. Sabe o que significa este papel?

ERNESTO

Sei; é a letra que lhe passei.

VIDAL

Pois hoje significa a desonra. Tenho a lei de meu lado, tenho a justiça e o direito...

ERNESTO

Isto é, a justiça do salteador, que saqueia o viandante.

VIDAL

Engana-se; é a justiça do negociante que vende a sua mercadoria e pelo preço que convencionou.

ERNESTO

Vou ver se consigo pagar-lhe já. Pedirei a soma emprestada a algum amigo.

VIDAL
Vá, e lembre-se que amanhã decide-se este negócio.

## Cena VI

VIDAL
(*só*)
Preciso desenvencilhar-me destes devedores insolváveis. São uns miseráveis que vivem do que roubam ao homem de bem que se fia neles. Enquanto tinha um emprego, ainda, ainda. Dava-me a procuração para receber os ordenados, e o prejuízo não era tão grande. Mas o governo, demitindo-o, feriu os meus interesses.

## Cena VII

VIDAL *e* OLÍMPIA

OLÍMPIA
Sr. Vidal...

VIDAL
Minha senhora...

OLÍMPIA
Eu estava naquele gabinete e ouvi tudo.

VIDAL
Nada tenho com isso, minha senhora.

OLÍMPIA

O senhor sabe que esse moço é um dos nossos amigos: sua família está ligada à minha pelos laços de uma amizade sincera; peço por ele, não o perca.

VIDAL

Não pode ser, minha senhora. Tenho sido vítima dos maus pagadores.

OLÍMPIA

No entanto, é preciso que o senhor o salve, por força. Seja bom para comigo: veja em que lhe posso valer, diga-me o que quer que eu faça para evitar essa desgraça.

VIDAL

Esse moço é seu irmão?

OLÍMPIA

Não.

VIDAL

Seu parente?

OLÍMPIA

Também não.

VIDAL

Parente de seu marido?

OLÍMPIA

Não me canse com perguntas; faça o que lhe rogo e a minha gratidão será eterna.

VIDAL

Minha senhora, se eu for amanhã a um banco com a sua gratidão não tiro dinheiro nem a 50%.

OLÍMPIA

Oh! o senhor é uma alma de gelo!

VIDAL

Pois a sua, minha senhora, apesar de tudo quanto diz, não parece ser de fogo pelo seu protegido. A senhora pode salvá-lo, uma vez que... tanto se empenha por ele. Por exemplo, tem sobre o seu braço uma pulseira, equivalente ao valor da dívida.

OLÍMPIA

E o senhor quer que eu lhe dê a pulseira?

VIDAL

Eu não quero; a senhora é quem quer tudo.

OLÍMPIA

E o que direi a meu marido? É um roubo o que me propõe.

VIDAL

E o que dirá a senhora ao seu marido, se ele perguntar a razão do seu vivo interesse por esse moço?

OLÍMPIA

Basta, senhor; não junte o insulto à ignomínia. Aqui tem a jóia que cobiçou, já que o senhor explora uma desgraça em seu proveito.

VIDAL

Que cobicei, não, senhora; que se digna entregar como penhor pela dívida de um amigo.

OLÍMPIA

Retiro-me, senhor; e ao menos... seja generoso. (*vai a sair*)

VIDAL

Uma palavra, minha senhora; se lhe perguntarem pela pulseira responda que... responda que a perdeu. (*sai Olímpia*) Ao menos, não perco no negócio. (*sai*)

## Cena VIII

ERNESTO *e* VENÂNCIO

ERNESTO

Salve-me deste apuro, Sr. Venâncio, aceito todas as condições.

VENÂNCIO

Impossível, meu amigo, impossível! Na atualidade estou sem capitais.

ERNESTO

Tenha comiseração de uma desgraça; veja que se não houvesse chegado ao desespero não o incomodaria.

VENÂNCIO

Oh! eu sei, eu sei que só os desesperados vêm ter comigo.

#### Ernesto
Pois bem, salve-me.

#### Venâncio
Sr. Ernesto, sabe que eu sou amigo dos rapazes e que só não lhes presto algum serviço, quando, como presentemente, acho-me impossibilitado. Asseguro-lhe que não tenho um vintém disponível: procure ao seu credor, peça-lhe alguma demora. O senhor está fantasiando o caso muito sério e afinal de contas, vão ver, é alguma exigenciazinha que se aplaca com quatro palavras.

#### Ernesto
Asseguro-lhe que não. É um negócio grave. Amanhã se não satisfizer a dívida, estou perdido, desonrado.

#### Venâncio
Homem! O caso é assim? Já vejo que tem razão.
Que infelicidade! O senhor veio procurar-me justamente numa ocasião diabólica! Eu não lhe posso valer, Sr. Ernesto.

#### Ernesto
Oh! então, é uma desgraça sem remédio!

#### Venâncio
Aflige-me, vê-lo assim. Eu sei que isso é uma contrariedade cruel e é aquilatando o seu sofrimento, que mais arrenego o não lhe poder servir. Mas, enfim, vou tentar o último recurso. Se falhar, estamos mal.

#### Ernesto
Qual é ele?

#### Venâncio
Eu tenho um amigo que nos pode valer. Mas é um homem dos diabos! Aconselho-lhe que não se meta com ele. É um homem de palavra, e se o senhor lhe faltar com o pagamento no dia fatal, é capaz de um desatino. Eu posso falar-lhe... posso; mas olhe que é negócio de sacrifício; não se comprometa.

#### Ernesto
Mas, se cheguei ao último apuro!

#### Venâncio
Vamos lá! Quero provar-lhe que me interesso pela sua sorte; e asseguro-lhe que só pelo senhor me animo a dar semelhante passo. Não gosto de ter negócios com esse indivíduo, mas enfim... o senhor está desempregado, não é verdade?

#### Ernesto
É certo.

#### Venâncio
Pois precisa de um emprego, precisa de um emprego. Tenho relações com um ministro e vou fazer pelo senhor o que nunca fiz por ninguém: pedir um favor ao governo. Olhe, temos aqui felizmente, papel, pena e tinta. Passe-me um papelzinho de depósito, na importância total da quantia que deseja. É só para dar maior segurança ao homem. E depois, passe-me também uma procuração para receber os

seus ordenados no tesouro, descontando, já se sabe, o prêmio, etc., etc.

### Ernesto
(*à parte*)
Estes miseráveis aproveitam-se de tudo! (*alto*) Mas que ordenados, se não tenho emprego?

### Venâncio
Já lhe disse que eu lho arranjarei e eu sou um homem de palavra. Quer o dinheiro já ou amanhã? Tenho aqui algum, que não é meu, e que ainda há pouco deram-me para entregar.

### Ernesto
Como queira.

### Venâncio
Pois então, tome lá e seja feliz.

### Ernesto
Apesar de tudo... muito obrigado. (*vai sair*)

### Venâncio
Venha cá, Sr. Ernesto, quero ouvir dos seus lábios uma confissão.

### Ernesto
Qual?

### Venâncio
Sou ou não sou seu amigo?

#### Ernesto
Um amigalhão! Deixe estar, Sr. Venâncio, peça a Deus que me dê vida, saúde e fortuna e eu lhe provarei que sou grato às suas finezas.

#### Venâncio
Muito obrigado, muito obrigado.

### Cena IX

Venâncio, Maurício e Paulo

#### Maurício
Oh! Sr. comendador!

#### Venâncio
Sr. Maurício, meu senhor...

#### Paulo
É ainda a mesma figura repulsiva!

#### Maurício
O que há de novo, Sr. comendador? Ouvi dizer que a praça estava em sobressalto e ia representar ao governo.

#### Venâncio
É verdade, meu amigo, fala-se nesta horrível asneira. É a agitação, meu amigo, a agitação, a ruína, a desgraça, a guerra aos capitais, o horror aos homens que possuem alguma coisa.

MAURÍCIO

Esta é galante! Os que têm capitais em risco, são os negociantes; os negociantes é que representam, como é que o senhor diz ser a guerra contra os capitais?

VENÂNCIO

Quais negociantes, meu caro! Olhe, Sr. Maurício, digo-lhe aqui muito em segredo, e não se comprometa, é a agiotagem, são os especuladores que estão turvando as águas. Pois o senhor compreende que homens de fortuna tenham o pouco juízo de se opor a um governo? Está enganado, meu amigo, está enganado. A fortuna é a paz, a paz é a ordem, a ordem é o governo, quem quer que este seja, logo...

MAURÍCIO

Logo o senhor é um sábio, Sr. Venâncio!

VENÂNCIO

Não me vexe, por quem é, Sr. Maurício.

MAURÍCIO

Não, sou franco; conheço poucos homens que tenham um bom senso tão perfeito.

VENÂNCIO

Depois, veja o senhor, é a ruína do país, é a miséria ameaçando a sociedade. É uma loucura arrematada, não cesso de dizer que a verdade política é a política do governo.

MAURÍCIO

Seja este o absolutismo, a república ou a constituição, não é verdade?

VENÂNCIO

Exatamente, meu amigo: compreendeu-me; a autoridade é a lei, a lei é a justiça, é a justiça, é o que diz o ministro.

MAURÍCIO

E nada mais; estamos de acordo, Sr. Venâncio.

VENÂNCIO

Dão-me licença?

MAURÍCIO

Pois não. (*sai Venâncio*)

## Cena X

MAURÍCIO *e* PAULO

MAURÍCIO

Ouviu?

PAULO

Ouvi.

MAURÍCIO

Responda-me com franqueza, lá pela Europa encontrou muitas consciências destas?

PAULO

Algumas.

MAURÍCIO
Pois nós aqui temo-las também, e boas. O Sr. Venâncio é um exemplar bem encadernado da inesgotável edição dos políticos que têm o patriotismo e a moral fechada na sua burra.

PAULO
O miserável não se modificou; está o mesmo.

MAURÍCIO
Conserva-se, conserva-se.

## Cena XI

*Os mesmos e o* CONSELHEIRO

O CONSELHEIRO
(*apressado*)
O Sr. comendador, está por aqui?

MAURÍCIO
Oh! Sr. conselheiro, estimo encontrá-lo. Já ontem procurei a V. Exa. e não pude achá-lo. Tenho a honra de apresentar-lhe o meu amigo, o Sr. Paulo Dorval que pretende...

O CONSELHEIRO
Ah! sim, sim; está servido, ontem mesmo levei os papéis a despacho, e o senhor está nomeado.

PAULO
Perdão, Exmo., eu não requeri lugar algum.

O CONSELHEIRO
Ah! quero dizer, os seus papéis estão prontos. Não gosto de enganar nem de demorar as partes. Quando posso fazer está feito, e quando não posso... não posso. Mas é logo decidido.

PAULO
V. Exa. equivoca-se. Não tenho também papéis na secretaria.

O CONSELHEIRO
Então o que me dizia o Sr. Maurício?...

MAURÍCIO
Dizia eu a V. Exa. que o meu amigo pretendia a honra de ser-lhe apresentado para lhe entregar um trabalho que trouxe da Europa, a respeito da colonização do império.

O CONSELHEIRO
Pois quando queira, quando queira; na secretaria ou em minha casa, estou às suas ordens. Por hoje limito-me apenas a dançar algumas contradanças; até logo. (*sai*)

## Cena XII

MAURÍCIO *e* PAULO

MAURÍCIO
Viu?

PAULO
Vi.

#### Maurício
Chama-se a isto um ministro atrapalhado pelos empenhos, e que para livrar-se de importunações, adota o expediente de dar a todo o mundo por contentado, mesmo daquilo que ninguém lhe pediu.

#### Paulo
É próspera a sorte do nosso país, meu amigo. Educa-se esta sociedade? Não há imprensa aqui?

#### Maurício
Há, e alguns jornais também.

#### Paulo
E o que fazem?

#### Maurício
O que fazem?... Homem, não fazem nada.

#### Paulo
Mas não escrevem ao menos?

#### Maurício
Escrevem.

#### Paulo
E o que conseguem?

#### Maurício
Conseguem fazer ao fim do ano dois ou quatro volumes horrorosos!

#### Paulo
É triste. Há em tudo isto um defeito.

MAURÍCIO
Há, e não sabe onde ele reside?

PAULO
Não.

MAURÍCIO
Ali! Demora-se?

PAULO
Demoro-me. Vou fumar.

MAURÍCIO
Pois eu já volto, porque decididamente quero descobrir o monstro. Sei que está no baile, mas ainda não pude vê-lo.

**Cena XIII**

*Os mesmos e* MARIA

MARIA
(*a Maurício*)
Então que é isto? Retira-se porque me vê?

MAURÍCIO
Não, senhora, retirava-me para vê-la.

MARIA
Já falou com meu marido?

MAURÍCIO
Ainda não.

MARIA
Pois ele quer falar-lhe.

MAURÍCIO
Vou procurá-lo então.

MARIA
Até logo.

MAURÍCIO
Até já. (*sai*)

PAULO
Minha senhora!

MARIA
Então, senhor, se não venho procurá-lo, não se afadiga por ver-me?

PAULO
Como já tive a honra de cumprimentá-la...

MARIA
E basta isso? Sabe que tenho uma queixa de sua pessoa?

PAULO
Ignoro-o.

MARIA
Não gosta da nossa sociedade?

PAULO
Por que o supõe?

MARIA
Porque o acho triste e contrariado.

PAULO
Sobram-me razões para isso. Nestas salas não sou eu uma figura estranha?

MARIA
Por quê?

PAULO
Porque o sou. Sem relações, sem amizades; sem títulos, por conseqüência, posso porventura concorrer com tantos cavalheiros amáveis e queridos?

MARIA
Pode. Tem todos os predicados para vencer. Dar-se-á o caso de que esteja apaixonado?

PAULO
Não, senhora.

MARIA
Então, conheço já a sua moléstia.

PAULO
Qual é ela?

MARIA
A necessidade de amar.

PAULO
Talvez.

#### Maria
E há de ser amado também.

#### Paulo
E há nos seus salões remédio para esse mal?

#### Maria
Sim; como em todos os salões. Acha-nos a todas tão feias que não possamos inspirar um sentimento desses ao coração?

#### Paulo
Ao contrário. Mas as preferências?

#### Maria
Conquistam-se.

#### Paulo
É tão difícil!

#### Maria
É tão fácil! Olhe, tenho uma amiga que sofre de moléstia igual à sua. Se a conhecesse, amava-a.

#### Paulo
É possível.

#### Maria
É certo. Quer conhecê-la?

#### Paulo
Com muito prazer.

MARIA

Pois espere-me aqui. (*sai*)

## Cena XIV

PAULO

(*só*)

Pobre mulher! Envenenada ao contato da sociedade maldita que freqüenta, destila de seus lábios a corrupção que lhe infiltraram n'alma!

## Cena XV

PAULO, MARIA *e* ELVIRA

MARIA

Quero apresentar-te a um moço que não conheces e a quem deves conhecer.

ELVIRA

É bom?

MARIA

É bonito!

ELVIRA

E que me importa isso? É teu amigo?

MARIA

É!

ELVIRA

Pois será esse o seu único título para mim.

MARIA

Sr. Dorval.

ELVIRA

Ah!

PAULO

Minhas senhoras!

MARIA

O que tens?

ELVIRA

Nada.

MARIA
(*à parte*)

Entendo. Ainda sou muito simples! (*ouve-se música*). Ah! que vou perder a minha valsa. Elvira, eu já volto.

## Cena XVI

PAULO *e* ELVIRA

PAULO

Elvira!

ELVIRA

Paulo!

PAULO

Bem vês que há suplícios eternos!

ELVIRA

Bem vês que as dores não matam!

PAULO

Lembravas-te de mim?

ELVIRA

Não me esqueceste?

PAULO

Os anos passaram, mas a memória do coração ficou naquela casa modesta, onde vivemos ambos os melhores anos da vida! Pobre Elvira!

ELVIRA

Mais desgraçada do que supões! Ligada por laços indissolúveis ao verdugo da minha felicidade, ao assassino de meu pai, sofro como uma escrava o jugo que a sorte me impôs! Ah! minha mãe! minha mãe!

PAULO

Detém tuas lágrimas, Elvira; vim de bem longe para salvar-te, porque o coração me dizia que eras desgraçada e porque eu pude saber parte dos teus infortúnios.

ELVIRA

Saberás muito, mas não sabes tudo! Compreendes o que é ser uma filha sem pai? Uma amante sacrificada aos braços de um monstro, repulsivo de forma e hediondo de caráter? Sabes o que é ser esposa de um senhor a quem se detesta? Mãe de um filho, a quem se deve, a quem se não pode deixar de amar, embora cada carícia sua, cada gesto, cada traço do semblante, cada palavra, a todo instante, recorde, retrate, a imagem do carrasco da nossa vida? Ah! não sabes!

PAULO
Mas eu te salvarei, Elvira!

ELVIRA
Impossível, meu amigo. Ninguém evita o seu fado.

PAULO
O excesso da dor cega-te o coração. Crê, espera, Elvira, porque a crença é o bálsamo santo da alma, e a esperança a luz que nos guia. Não é só o coração que me impele, é o dever. Eu concorri, por minha loucura, para a tua desgraça; devo, preciso salvar-te. O homem que te possui é indigno de ti e indigno da sociedade. É um monstro de crimes, sórdido de caráter, vil e infame.

ELVIRA
Seja-o embora, meu amigo, nem por isso deixo de pertencer-lhe. O dever e a religião ligaram-me a ele, só a morte nos poderá separar.

PAULO
Não; porque nem a sociedade nem Deus não podem querer um sacrifício dessa ordem. Arrancar-te-ei de seus braços. Procurar-te-ei um asilo honesto e seguro.

ELVIRA
Não; o sacrifício que fiz por meu pai, ficaria nulo.

PAULO
Mas o teu marido é indigno de ti, se é um infame criminoso?

ELVIRA
Não, Paulo, é o pai de meu filho!

**Cena XVII**

*Os mesmos e* VIDAL

VIDAL
Quem é o senhor?

ELVIRA
Ah!

PAULO
Um homem que o despreza e que o odeia.

VIDAL
É natural. Na situação em que seu insulto me coloca, eu não sou só um homem, sou um marido! E o senhor, naturalmente, é um desses ridículos gamenhos que têm por ofício explorar a inexperiência ou a perversidade das mulheres fáceis. O senhor odeia-me, é justo, sou seu inimigo natural! O senhor despreza-me, não precisava dizê-lo, porque os ladrões da sua espécie, só assaltam a honra daqueles a quem desprezam!

PAULO

Previno-o de que um insulto mais pode custar-lhe caro.

ELVIRA
(*baixo*)

Paulo!

VIDAL

Ainda mais. O senhor é ou supõe-se valente...
Na sua idade é um defeito comum... em que se não repara. Talvez à custa de alguma subscrição, talvez à custa da minha própria bolsa, mandaram-no viajar à Europa e veio de lá, moralista de espada ou de pistola, a querer definir pontos de honra e a solver as dificuldades com um tiro ou uma estocada. Há de ser isso. Pois meu senhor, declaro-lhe que está noutro mundo, que aos meus olhos, como aos olhos de toda a sociedade, o senhor é ridículo e infame.

PAULO

Miserável! Abusas da tua velhice!

VIDAL

E quanto à senhora, se não se envergonha, não trema. Levantei-a do pó, mas quer voltar à sua origem. Volte. É lógico, é fatal. As mulheres que se desonram, aviltam-se. Vamos, senhora, por ora, pertence-me ainda.

ELVIRA

Vamos.

## Cena XVIII

*Os mesmos e* MAURÍCIO

MAURÍCIO

Oh!

PAULO
(*querendo acompanhar Vidal*)
Um insulto a essa mulher, velho cínico, é a tua ruína. Eu a acompanho, minha senhora.

VIDAL
Vamos, senhora, que não quero arrastá-la.

MAURÍCIO
Meu amigo, acalme-se. Ele está em seu direito.

PAULO
Mas hei de segui-lo.

MAURÍCIO
É uma imprudência, um escândalo e um atentado.

PAULO
Tens razão; posso comprometê-la.

MAURÍCIO
Afinal, é seu marido.

PAULO
É, mas tudo isso não evita que eu vá buscá-lo, provocá-lo, esbofeteá-lo publicamente.

MAURÍCIO
Não faça isso, meu amigo, porque pode ter funestas conseqüências.

PAULO
Nenhuma assusta ao meu desespero.

MAURÍCIO
Mas digo-lhe eu que é uma loucura! Os resultados hão de ser atrozes, incalculáveis! Não imagina!

PAULO
Quais? Um duelo, uma luta de morte? Tanto melhor.

MAURÍCIO
Não; não é capaz disso; mas avalia a ofensa em dois ou três contos de réis, toma testemunhas e pede reparação do dano.

PAULO
Então, é sempre um miserável!

MAURÍCIO
Não, senhor, é sempre um capitalista.

FIM DO ATO TERCEIRO

ATO QUARTO

(*Escritório em casa de Vidal. Vêem-se pendurados vários objetos, como jóias, relógios, etc., etc.*)

## Cena I

VIDAL
(*só*)
Aquele rapaz é decididamente meu inimigo. Nunca o vi, nunca nos encontramos; donde, pois, surgiu ele e de que origens traz o rancor que me vota? É singular! Nunca lhe emprestei dinheiro... ah! há de ser isto: nunca lhe emprestei dinheiro! Ouro! ouro! ouro! Tu és o soberano do mundo! O autor das alianças que perduram e dos ódios que se não extinguem. No entanto, devo acautelar-me. Esta mulher não me serve mais. Desceu o primeiro degrau da honra e para chegar ao fim da escada, saltará os que faltam, três a três. É a regra. (*indo à porta*) Senhora! senhora!

## Cena II

VIDAL e ELVIRA

ELVIRA

Chamou-me?

VIDAL

Sim, senhora.

ELVIRA

Aqui estou.

VIDAL

Onde pôs as jóias de que se serviu ontem no baile?

ELVIRA

Em meu quarto.

VIDAL

Não é lá o seu lugar: sabe disto.

ELVIRA

Eu pensei que não fazia mal.

VIDAL

Devia saber o contrário. São jóias que lhe não pertencem; que estão aqui em depósito; de que lhe faço empréstimo e que mas deve restituir imediatamente. Não hei de prejudicar os seus possuidores para servi-la.

ELVIRA

Posso ir buscá-las.

VIDAL

Há de ir; mas antes, tenho uma proposta a fazer-lhe. Qual é o recolhimento de sua escolha para habitar nele?

ELVIRA

Um recolhimento? O que me aceite com meu filho.

VIDAL

Com seu filho! A senhora está louca.

ELVIRA

Por quê? Pretende separar-me dele?

VIDAL

Já está isso resolvido.

ELVIRA

Mas, não pode ser. Sabe que é a única afeição que eu tenho por mim neste mundo!

VIDAL

Não lhe pergunto, por isso. Quero dar-lhe um estado que não merece. Faço-lhe um dote de 500$ rs. Para o que me trouxe, é demais. Sabe que seu pai morreu rico... de dívidas.

ELVIRA

É exato: morreu pobre, mas honrado. Pelo que eu valho, não precisa lançar-mo em rosto, sei que nada valho! Se a minha virgindade e a minha virtude podiam valer outrora essa miserável quantia, no leilão da sua consciência que mais pode valer o esqueleto da vítima sacrificada aos seus caprichos?

VIDAL

Senhora!

ELVIRA

Eu estou disposta a tudo, porque a tudo estou sujeita. Ah! não é uma decepção que me amargura; eu contava com este desenlace. Chega apenas mais tarde do que eu o esperava. Sabe que eu sou resignada!

VIDAL

Não precisa resignar-se, basta que obedeça.

ELVIRA

E que mais tenho eu feito há tantos anos? Não foi a obediência, oh! mais do que isso, o que me arrastou ao seu poder? Não foi ainda a obediência ao meu dever o que me conservou, o que me conserva a seu lado? Filha, esposa e mãe, o que é a vida da mulher mais do que uma obediência eterna! Mas o que a filha pôde sofrer; o que a esposa soube suportar, não pode nem o quer admitir a mãe aflita e ameaçada no que ela tem de mais caro! Torture-me, embora, mas deixe-me aquela criança! É mais do que uma companhia amorosa, é a tranqüilidade da minha consciência, o único alívio a que pode aspirar minh'alma.

VIDAL

Não pode ser. Tenho melhor destino a dar-lhe. Ele está crescendo; há de fazer-se homem e preciso arranjá-lo. Há de ajudar-me nos negócios, acompanhar-me no trabalho e adquirir e aumentar a riqueza que lhe proporciono.

### Elvira
Como quer que eu lhe suplique? Vamos; tenha para com a mulher que nunca lhe mereceu coisa alguma, a primeira e a última condescendência. Estou pronta para todos os sacrifícios, menos esse!

### Vidal
Veremos; em todo o caso é bom que prepare o coração. (*batem a porta*) Retire-se; chamá-la-ei dentro de pouco.

## Cena III

Vidal *e* Venâncio

### Venâncio
(*que entra carregando várias jóias, correntes, e embrulhos de roupa, etc.*)
Aqui vem César com os seus despojos. Uff! que a maçada foi tremenda!

### Vidal
O que se fez, Venâncio?

### Venâncio
Tudo o que se pôde. Nada, o negócio assim, não vai bem. Muito custa trabalhar-se tanto com tão pouco lucro.

VIDAL

Cobraste os aluguéis das nossas casas?

VENÂNCIO

Eu sei lá se cobrei, não os perdemos de todo; isso não. Mas o negócio assim não vai bem. Ora, alugar-se casas a pobres! Por mim, punha-os todos no meio da rua. Na praia de Santa Luzia, há ou dizem que há, um asilo de mendigos, e como quem é pobre não deve ter vícios, deixem-se os tais de querer casas que não podem pagar.

VIDAL

Venâncio! É preciso mais tino. Estás falando como um rábula. Não me espantes a pobreza. Sabes que é a nossa família e lembra-te que se não fosse ela, não seríamos nada. Segue a regra que te indico. É segura. Nunca se perde e sempre se mantém a gente em boa popularidade. Cobra, mas com jeito. A um bom cobrador não há dívidas eternas. Quem não tem hoje, pode ter amanhã. Quem não possui dinheiro, tem talvez jóias; quem não tem jóias, pode ter trastes; quem nada possui, sempre há de ter alguma coisa e em dinheiro, bens, jóias ou roupas, todas as contas se saldam.

VENÂNCIO

Sim, mas dá isso muito trabalho e o prêmio é insignificante.

VIDAL

Não importa; cobra sempre que serás pago. Isto é até da Escritura; trabalha, disse Deus, que eu te ajudarei.

#### Venâncio
Palavra de honra, acho aquele outro negócio muito melhor.

#### Vidal
É, porém, mais arriscado. Qualquer descuido ou indiscrição pode perder-nos. A propósito, tratou daquele arranjo que lhe incumbi?

#### Venâncio
Tratei e parece-me que achamos o homem que nos serve.

#### Vidal
Quem é ele?

#### Venâncio
Um homem dos diabos que sabe mais do que um vigário e fala mais do que um advogado. Que homem! meu amigo! que talento! Eu estou convencido de que ele vai arrasar tudo. É destemido; não tem papas na língua, pão pão, queijo queijo, enfim, é o homem. Demais, além de que ele tem birra aos tais senhores, possui uma boa qualidade para o que nós queremos, é pobre e precisa dinheiro.

#### Vidal
Mas como se chama?

#### Venâncio
Maurício.

#### Vidal
Maurício! E ele aceitou, oh! oh! Sr. Venâncio, não foste cometer alguma leviandade?!

#### Venâncio

Que leviandade, meu amigo, eu conheço os homens.

#### Vidal

Mas deu-lhe a entender alguma coisa?

#### Venâncio

Dei-lhe a entender tudo, pouco mais ou menos e ele não deve tardar.

#### Vidal

Realizaremos, portanto, a nossa empresa. O governo está zombando. Não quer fazer conosco o contrato para os saques, mas hei de ensiná-lo. Preciso de um jornal, Venâncio, um grande jornal. A imprensa é uma coisa extraordinária. O que ela diz tem o valor da mentira que se repete muitas vezes, e que é afinal acreditada por todos como a verdade. Além de que é uma arma terrível. Servir-nos-á para tudo. Por exemplo, a nossa causa está se demorando na relação. Os juízes estão inflexíveis e teimam em achar razão nos adversários. Eles com razão! Esses homens não têm tino. Vivem na pobreza, o Estado não lhes paga bem e afastam, com seus caprichos, a proteção dos homens como eu! Néscios. Acharem razão em quem só pode pagar-lhes menos!

#### Venâncio

O que diz é certo. Acho boa a especulação. Hão de respeitar-nos mais para o futuro.

#### Vidal

Decerto que somos pessoas de consideração, e não mendigamos a vida. Estou resolvido, Venâncio, hei de me fazer temido.

#### Venâncio

O que é prudente, é pormos desde já em ordem os papéis recebidos pelo último paquete. O negócio é delicado.

#### Vidal

Tem razão. Vou buscá-los ao meu quarto. (*sai*)

## Cena IV

#### Venâncio
(*só*)

Resta-me fazer o assento destas coisas. Irra! que veio muita coisa ruim.

#### Uma mulher

Dá licença, senhor?

#### Venâncio

Entre quem é.

#### A mulher

É aqui o escritório do Sr. Vidal e C.?

#### Venâncio

É aqui mesmo, minha filha; quer alguma coisa?

A MULHER

Sim, senhor; desejava alugar a casinha da rua do S. Jorge.

VENÂNCIO

Já viu a casa?

A MULHER

Sim, senhor.

VENÂNCIO

Agradou-lhe.

A MULHER

Muito, senhor; está que parece nova. E o aluguel?

VENÂNCIO

São trinta mil réis por mês pagos adiantados e dando fiador.

A MULHER

E não podia ser mais barata?

VENÂNCIO

Oh! filha, pois acha cara uma casa, novinha, acabada de consertar. Boa está ela demais. Olhe, quer saber por que eu tenho escrúpulo em alugá-la? Eu lhe digo. A casinha está pintada de novo. Eu gosto de servir bem. Os quartos estão caiados e a cozinha foi ladrilhada, há pouco. Você, por exemplo, aluga a casa; vai, arruma os seus trastes; e o seu escravo na cozinha vai rachar lenha no ladrilho, quebra-me os tijolos e aí temos um prejuízo não pequeno.

A MULHER

Ah! senhor, se é só por isso, pode alugar-me a casa. Sou pobre e sem companhia; não tenho nem criado nem escravo.

VENÂNCIO

Oh! pois você não tem um molequinho ao menos?

A MULHER

Nada, senhor.

VENÂNCIO

Então, minha filha, à vista disso, sinto muito, mas você não pode alugar a casa. Não lhe serve, é muito cara. Você não a pode pagar e depois, como não tem um escravozinho sequer... entende o que eu quero dizer, não é verdade?

A MULHER

Entendo, sim senhor: obrigada.

VENÂNCIO

Não tem de quê. (*sai a mulher*)

VENÂNCIO

E esta! (*batem*) Temos outra maçada.

UM SUJEITO

O Sr. Venâncio está em casa?

VENÂNCIO

Um seu criado.

O SUJEITO
Trago um objeto em penhor e necessito dinheiro.

VENÂNCIO
Estou às suas ordens.

O SUJEITO
É este relógio que trago.

VENÂNCIO
V. S. não leve a mal a minha pergunta. Mas este relógio é mesmo de V. S.?

O SUJEITO
Eu não sou ladrão, senhor.

VENÂNCIO
Nem eu disse isto, perdoe-me. Desejava saber se V. S. era o possuidor ou o portador.

O SUJEITO
Sou o possuidor e só um apuro me traria aqui.

VENÂNCIO
É uma bela peça! Vai V. S. ter por ela o que não alcança em parte alguma. Nós aqui fazemos negócio, mas não fintamos aos fregueses. Bela corrente e boa pancada! Sabe o senhor quanto vale esta jóia? Vale 35$.

O SUJEITO
Somente?

VENÂNCIO

E o senhor acha pouco! Além de quê, tanto melhor. Quanto mais baixo o valor, mais depressa pode o senhor vir buscá-la.

O SUJEITO

Dê-me o dinheiro, senhor, porque o preciso.

VENÂNCIO

Aqui está. A cautela vai por um mês e, descontado o juro, aqui tem o senhor 30$.

O SUJEITO

Obrigado, senhor.

VENÂNCIO

Sempre às suas ordens. Sem mais... (*sai o sujeito*) Nada; é muito trabalho para tão pouco lucro.

## Cena V

*Os mesmos e* MAURÍCIO

MAURÍCIO

Oh! Sr. Venâncio!

VENÂNCIO

Sr. Maurício, queira entrar; queira sentar-se.

MAURÍCIO

Já vê que sou pontual.

VENÂNCIO
Eu já sabia. Olhe, Sr. Maurício, o senhor era um homem digno de entrar para o comércio.

MAURÍCIO
Sim! Por quê?

VENÂNCIO
Porque o senhor tem todas as qualidades próprias. Foi uma pena. Talento, pontualidade, etc., etc.

MAURÍCIO
Falta-me uma, Sr. Venâncio, a principal?

VENÂNCIO
E qual é ela?

MAURÍCIO
A esperteza.

VENÂNCIO
Oh! oh!...

MAURÍCIO
O Sr. Vidal demora-se muito?

VENÂNCIO
Não pode tardar.

MAURÍCIO
Já lhe deu a minha resposta?

VENÂNCIO
Prontamente.

MAURÍCIO
E o que disse ele?

VENÂNCIO
Ficou encantado. Ah! Sr. Maurício, vai o senhor fazer um negócio da China; dentro de poucos meses pode fundar um banco.

MAURÍCIO
Pode ser; mas parece-me que chegarei antes a fazer cadeiras, como marceneiro, do que a fundar um banco.

VENÂNCIO
Sempre gracejador! Sempre espirituoso! Se o senhor soubesse como eu o estimo!

MAURÍCIO
Muito obrigado; tenho provas disso.

VENÂNCIO
Não pense que nos faltaram pretendentes para o negócio.

MAURÍCIO
Longe de mim tal suposição. Ao contrário.

VENÂNCIO
Mas a minha simpatia pelo senhor prevaleceu. As preferências são para os amigos.

MAURÍCIO
O senhor é um grande homem, Sr. Venâncio.

### Cena VI

*Os mesmos e* Vidal

Vidal
O Sr. Maurício?

Maurício
Sempre um seu criado.

Vidal
Meu amo, senhor… queira sentar-se.

Maurício
Estou às suas ordens.

Vidal
Já sabe o que pretendemos?

Maurício
Totalmente, ainda não.

Venâncio
É verdade; não tivemos tempo para conversar.

Vidal
Quero estabelecer uma tipografia e fundar um jornal.

Maurício
Magnânima idéia! Progressista! Civilizadora!

Venâncio
E útil.

VIDAL

Soberba para o que eu quero. É um golpe de mestre.

MAURÍCIO

Uma inspiração patriótica, Sr. Vidal!

VENÂNCIO

E desinteressada.

VIDAL

O senhor é da oposição?

MAURÍCIO

Com toda a certeza.

VIDAL

Magnífico! É da minha opinião. Vamos, pois, fazer prevalecer os nossos princípios. O governo vai mal, não acha?

MAURÍCIO

Eu assim o penso e já o tenho dito.

VENÂNCIO

Vê como pensamos bem? O Sr. Maurício é do nosso credo.

VIDAL

Muito mal! muito mal! O país está se arruinando. E demais, não vê o senhor a maneira por que o governo desconsidera caracteres respeitáveis? O modo por que ofende o comércio?

#### Maurício
Qual é então o plano?

#### Vidal
O plano é o seguinte. O senhor será o redator da folha e esta atacará o governo por todas as formas.

#### Venâncio
Muito bem.

#### Maurício
Estamos de acordo.

#### Vidal
Cumpre desmoralizar os ministros. Eu dou-lhe os dados. De um dirá o senhor que deve tantos e quantos a este e aquele. De outro dirá que vende os despachos, que descobre a coroa. De outro, dirá que negocia clandestina e fraudulentamente os saques para Londres. Enfim, atacar as pessoas dos ministros, todos os dias, por todas as formas.

#### Maurício
E os nossos princípios? O bem social? O progresso do povo?

#### Vidal
Pois o senhor não vê que tudo isto virá depois?

#### Maurício
Ah! depois?

###### VENÂNCIO
Isso é seguro; o ministério cai; saem uns e entram outros...

###### VIDAL
Outros que sejam amigos e então exigiremos destes tudo o que nos aprouver. Não há ministro que rejeite o auxílio de um jornal.

###### MAURÍCIO
Bem, atacamos as pessoas pela difamação. Isto quer dizer que eles estão perdidos, porque em nosso país a calúnia que teima, vence. E quanto às doutrinas sociais?

###### VENÂNCIO
Sim, quanto às doutrinas...

###### VIDAL
Quanto ao mais, nós nos arranjaremos. Por exemplo, o governo ofereceu-me um negócio. Recusei-o, por ser uma operação ruinosa para o Estado. A minha honra e os meus princípios repugnaram. Não quis fazer os saques para Londres. Havemos de atacar o ministro por este motivo. Depois, reclamaremos do governo que acabe com essas casinhas de indústria que aí andam a embaraçar o grande comércio, as grandes transações. Pediremos, para um amigo nosso, o privilégio da estrada de ferro que se vai construir. Insistiremos pela demissão de certos juízes, cujos nomes lhe darei e ocupar-nos-emos de outros assuntos. Não se importe com as despesas. Correm por minha conta.

VENÂNCIO
Não acha o programa excelente?

MAURÍCIO
Maravilhoso!

VIDAL
Há de fazer efeito, não acha?

MAURÍCIO
Se acho! O senhor conhece o país em que vive, Sr. Vidal! É, sem o pretender talvez, um estadista consumado!

VIDAL
Ora! ora! ora!

VENÂNCIO
Eu não lhe disse?

MAURÍCIO
Não é favor, não, é justiça. Ambos têm um lance de olhos político, extenso e profundo! Pois olhem, apesar disso, acho que o plano deve ser modificado.

VIDAL
Como?

MAURÍCIO
Do seguinte modo: – A imprensa é uma coisa santa! O jornalista é ou deve ser um homem de bem. Sua missão é nobre; sua responsabilidade é imensa! Nas mãos de um cavalheiro, a imprensa chama-se

uma espada; nas de um bandido chama-se punhal. Um defende a justiça, o direito, o progresso, a segurança pública, a honra nacional. O outro especula, assassina para roubar, fere para vingar-se, combate por um lucro, arruína a pátria e desmoraliza tudo, corrompe para vencer, abate para fazer-se grande entre as ruínas. Eu sou pela imprensa honesta, por aquela que respeita a sua consciência e os seus deveres; a que engrandece a virtude e debela o crime, a que se bate com desinteresse e põe sua glória no serviço da justiça e da religião.

VIDAL
Exatamente como eu penso.

VENÂNCIO
Muito bem, muito bem.

MAURÍCIO
(ri-se)
Olhe, Sr. Vidal, nós estamos num país e num tempo em que a imprensa deve ser tudo, porque tudo está por fazer! O jornal, entre nós, precisa ser sacerdote, quanto à religião; pai de família, quanto à educação moral; professor, quanto a instrução pública; estadista, quanto à gerência dos negócios políticos; general, nas coisas da guerra; agricultor, industrial, quanto aos melhoramentos materiais; juiz severo, nas coisas da magistratura; e até polícia para a descoberta dos criminosos.

VIDAL
Parece incrível, como sem nos combinarmos, achamo-nos em tal acordo! O senhor adivinha-me.

### Venâncio
É verdade; é verdade!

### Maurício
Tanto melhor. Fundemos o nosso jornal. Clamaremos contra os prevaricadores de todas as classes. Contra os governos corrompidos e corruptores...

### Vidal
Sim, sim, mas com jeito e prudência.

### Maurício
Com civilidade; entendido. Contra as autoridades despóticas que oprimem aos cidadãos, fazendo da polícia uma inquisição desabusada.

### Venâncio
Nada, nada contra a polícia. Temos amigos e...

### Vidal
Sim; a polícia é uma grande instituição e desde que o chefe for amigo dos homens sérios e trabalhadores, deixemos-lhes força para reprimir os valdevinos.

### Maurício
Não aprovam! Bem; vamos adiante. Contra os juízes, os raros felizmente, que vendem as suas sentenças.

### Vidal
Perdão. A magistratura é uma classe séria. Alguns juízes, principalmente, conheço eu dignos de todo o respeito. Há alguns, é verdade, orgulhosos, cheios de

si e que desatendem, por exemplo, a homens como eu. Contra esses, sim, tudo é pouco.

### Maurício
Bom; aprovado em parte. Contra os bancarroteiros de toda a espécie que roubam aos seus credores, e depois instalam-se novamente para fazerem fortuna.

### Venâncio
Apoiado. O senhor fala como um pregador, Sr. Maurício!

### Maurício
Contra os exploradores das desgraças alheias que dão dinheiro a juros sobre a miséria do próximo, sobre as lágrimas da viúva e sobre os gemidos do órfão.

### Vidal
Sr. Maurício, estou a mudar de idéia. Conhece o país e a civilização que temos. Um jornal dessa ordem é insustentável. Basta de programa.

### Maurício
Ah! já querem mudar de idéia? Pois não têm razão. Um jornal assim é que nós precisamos. Que fale com franqueza e energia. Concluirei, pois, o meu programa. É forçoso que o novo jornal fale de tudo isso e mais ainda, isto aqui em segredo, contra esses ladrões de casaca, esses agiotas infames, usurários sem alma, avarentos sem pudor, que não contentes de roubarem aos pobres, fazem-se moedeiros falsos e roubam também o Estado, dilapidando a fortuna pública.

### Vidal

Nem tocar neste assunto, meu amigo! Isso pode trazer complicações internacionais e desde que há negociações pendentes não convém... não é ajuizado tocar em questão assim melindrosa.

### Venâncio

Nada, nada, Sr. Maurício, isso é muito fino. Vai comprometer a muita gente séria.

### Maurício

Já vejo que perdi o meu tempo.

### Vidal

Não acho o programa dos melhores. Vai acarretar-nos muitos comprometimentos.

### Venâncio

Horrorosos!

### Maurício

O homem honesto e sincero, meus senhores, o que tem a sua consciência limpa e o seu coração tranqüilo não se arreceia de comprometimentos. Vamos; animem-se; preparem-se para serem juízes e não tomem ares de réus.

### Vidal

Sr. Maurício, queira desculpar. Foi uma idéia que tive, mas é talvez extemporânea. Não falemos mais sobre isso. Agora peço-lhe um favor, guarde segredo acerca deste negócio.

VENÂNCIO
Sim, sim, o segredo é a alma de todo o negócio!

MAURÍCIO
Não tenham receio; serei um túmulo.

VIDAL
Mas um favor; dá-me permissão para fazer-lhe um presente?

MAURÍCIO
Um presente! Retribuição de quê? De um conselho que não quis seguir? De um programa que não quis aceitar?

## Cena VII

*Os mesmos e* PAULO

PAULO
Dão licença? Meus senhores!

VIDAL
Que quer o senhor em minha casa?

PAULO
Falar ao Sr. Vidal.

VIDAL
O senhor é um insolente. Vem assoberbar-me em meu domicílio.

####### VENÂNCIO
Oh! Sr. Maurício, este moço não é o seu amigo?

####### MAURÍCIO
Tanto que lhe vou apertar a mão.

####### VIDAL
Terá a bondade de dizer a que vem? O que deseja?

####### PAULO
Desejo falar-lhe em particular. Quer ouvir-me?

####### VIDAL
(*à parte*)
Um assassinato talvez! (*alto*) Estou entre amigos, pode falar sem mistérios.

####### PAULO
Perdão. O negócio é grave. Eu sou caixeiro de um correspondente de V. S. e já vê, que...

####### VIDAL
De um correspondente meu? Como se chama?

####### PAULO
Chama-se... não tem nome. Assina apenas uma inicial cortada por três riscos.

####### VIDAL
Ah!

####### VENÂNCIO
Ai!

MAURÍCIO
Então que é isso? Há algum risco nos tais riscos?

VIDAL
O Sr. Maurício permite que fiquemos sós, eu e aqui o senhor, para tratarmos de um negócio importante?

MAURÍCIO
Com todo o gosto.

PAULO
Chegou-me agora a vez de impor condições. Pode falar diante dele. É meu amigo e eu não tenho segredos.

VENÂNCIO
Perdão. Há negócios em que...

PAULO
Há negócios em que se não deve intrometer aquele que não é chamado.

VENÂNCIO
(*para Maurício*)
Este seu amigo, Sr. Maurício, tem uns bofes!

VIDAL
O senhor é meu inimigo. Eu já o adivinhava. Quer a minha ruína, porque eu sou um obstáculo aos seus desígnios. Pois bem, assegurar-lhe que não me assustam ameaças misteriosas. A minha vida é pública; sou um homem sério.

#### Paulo
Um homem sério! À semelhança dos bandidos que investem a sacola dos peregrinos para se aproximarem cautelosos das vítimas que vão prostrar! Um homem sério! E são estes os miseráveis que escarnecem da sociedade e vilipendiam tudo o que é nobre e santo!

#### Vidal
O senhor insulta-me!

#### Maurício
Não senhor; retrata-o. Falemos com franqueza, Sr. Vidal. Está fingindo coragem, mas está com medo. E faz mal. A única impostura, que se não perdoa neste mundo, é a impostura da valentia. Aqui estou eu, por exemplo, que vim à sua casa para ser comprado, porque o senhor teve a generosidade de lembrar-se de mim para uma especulação infame.

#### Venâncio
Com licença, não foi dele a lembrança, foi minha.

#### Maurício
É a mesma coisa; devo o favor a ambos.

#### Paulo
Conheci outrora, Sr. Vidal, um homem sério da sua raça, que no dia de uma grande desgraça introduziu-se no seio de uma família respeitável, para especular hipocritamente com o infortúnio de um velho. Levava nos lábios a filantropia e no coração a infâmia. Rico, serviu-se do seu dinheiro para comprar uma superioridade notável e uma gratidão sem limites.

VIDAL
Ah! esta memória maldita atraiçoa-me sem dúvida! Será ele?

MAURÍCIO
Ouça, Sr. Venâncio, porque a história parece interessante.

PAULO
E é. Um usurário sem alma, um ladrão disfarçado estava na casa do velho João Vieira, era este o seu nome, para penhorar-lhe os trastes.

VENÂNCIO
E esta!

MAURÍCIO
Ouça, Sr. Venâncio, que o caso vai-se complicando.

PAULO
O homem sério chegou como o anjo protetor da família e da desgraça. Como uma serpente maldita enroscou-se na confiança de todos, para a todos atraiçoar. Nessa casa, além do velho, havia um moço que era seu filho pelo coração e uma donzela que era o amor desse mancebo. Uma intriga bem urdida afastou o moço desses dois seres. O pai repeliu o filho, o filho desconheceu o pai, a noiva repeliu o noivo! No seio daquela ruína comercial, abateu-se também em ruínas o templo daquelas afeições puras e sinceras, e dentre elas apenas uma figura se levantava, orgulhosa em sua ignomínia, esplêndida em tanta baixeza, a do homem sério que cobiçava a formosura dessa moça.

VIDAL
(*concentrado*)
Não há dúvida, é ele! Bem; resta-me um recurso.

VENÂNCIO
O diabo do homem é mágico.

PAULO
O que se passou, depois, é revoltante! O velho morreu no desespero. O moço desapareceu. E a pobre órfã abandonada, ao desamparo de Deus e dos homens, foi subjugada ao domínio do malvado que assassinou seu pai com desgostos; que a torturou daí por diante, ligando-a ao seu destino pelos laços insolúveis do matrimônio.

MAURÍCIO
E o que se passou depois é ainda mais triste e revoltante. O infame, o monstro, sendo rico fez-se poderoso: sendo poderoso fez-se respeitado. A sociedade que olha indiferente para a sobrecasaca rota do empregado que ganha pouco, do artista a quem falta trabalho, do operário que não tem pão, curvou-se ao ouro do agiota e das lágrimas dos órfãos espoliados e dos indiscretos roubados, fez brilhantes para ornar com uma comenda o peito do vilão. Eu conheço também esse homem sério, eu conheço também essa raça de vampiros sociais para quem o único Deus é o dinheiro e para os quais, em vez de desprezo o mundo tem consideração e distinções. Atrás homens infames! Que esse lugar lhes não pertence, e porque os homens de bem estão à espera de subir.

VIDAL
(*para Paulo*)
O senhor então é...

PAULO
Sou neste momento o desafrontador da moral e da justiça.

VIDAL
E chama-se Paulo, não é exato?

PAULO
Chamo-me um homem de bem.

VIDAL
(*baixo*)
Dou-lhe cinqüenta contos pelo seu segredo. Veja que é uma fortuna!

PAULO
Miserável! Guarda-os para oferecê-los à justiça que não tarda.

VIDAL
Sim!

VENÂNCIO
(*assustado*)
Então que foi?

PAULO
Nada; recusei um convite do Sr. Vidal.

VENÂNCIO
Ora, diga-me, meu caro Sr. Paulo, não podíamos arranjar este negócio amigavelmente? É uma coisa passada há tanto tempo! E o senhor está bem mudado! (*durante este tempo Vidal vai à secretária, tira uma pistola e vem com ela oculta a disparar sobre Paulo. Maurício finge não percebê-lo e acompanha-o de modo a bater-lhe no braço*)

MAURÍCIO
Assassino!

## Cena VIII

*Os mesmos e* ELVIRA

ELVIRA
Que foi, meu Deus! Paulo! Sr. Maurício!

VIDAL
(*seguro pelos três*)
Retire-se, senhora.

PAULO
(*adiantando-se*)
Elvira! Deus a protege, porque tem sido virtuosa e honesta.

ELVIRA
Mas, por que querem fazer mal a meu marido?

PAULO
Ninguém aqui o quer ofender.

VIDAL

Miseráveis! Abusam da minha velhice e subjugam-me para me roubarem talvez. Infames! Infame tu, mulher, que me arrastas à perdição por tua causa! Infame tu, Venâncio, que não sabes defender-me contra os assassinos que me assaltam!

## Cena IX

*Os mesmos e um* Oficial *com dois homens*

O OFICIAL
O Sr. Vidal está em casa?

MAURÍCIO
Sim, meus senhores, e o Sr. Venâncio também.

VENÂNCIO
Sr. Maurício, peço-lhe pelo que mais ama neste mundo, que não me comprometa.

MAURÍCIO
Meu caro, sabe que estou só no mundo, por ora. O que eu mais amo sobre a terra é o triunfo da honra sobre a infâmia.

O OFICIAL
Ambos os senhores tenham a bondade de acompanhar-me.

VIDAL
Vamos, senhores, há leis neste país, há tribunais e sirvam os senhores de testemunhas em como

estes indivíduos saltearam-me em meu domicílio para roubar-me.

#### Paulo
Antes disso, levem para a polícia todos os papéis que encontrarem neste escritório.

#### Vidal
Miseráveis! Até breve! (*saem*)

#### Elvira
Paulo, Sr. Maurício, em nome de meu filho, salvem-no. Só foi mau para mim, estou em meu direito perdoando-o.

#### Paulo
É nobre o teu sentimento, Elvira; mas Deus quer que os culpados sejam punidos.

#### Maurício
Conheço uma família, minha senhora, onde há de achar um abrigo tranqüilo. Seu marido morreu para a senhora, porque morreu para a sociedade. Não há impunidades eternas, minha senhora, e a despeito de todas as exceções monstruosas que escandalizam o mundo, creia que Deus ama a virtude e que a moral é a lei suprema das sociedades modernas. Só é grande aquele que é nobre, e duradouro aquilo que é respeitável!

F. Pinheiro Guimarães

# HISTÓRIA DE UMA MOÇA RICA

Drama em quatro atos

Representado pela primeira vez no
Teatro Ginásio Dramático
a 4 de outubro de 1861

*Oh! n'insultez jamais une femme qui tombe!
Qui sait sous quel fardeau la pauvre âme
succombe?*
Victor Hugo

*A
Adelaide Cristina da Silva Amaral
Artista inspirada que soube dar vida e
colorido a este pálido esboço dramático.*

## PERSONAGENS

AMÉLIA
BARONESA DE PERIRIPE
D. MARIA
BRÁULIA, *mulata escrava*
EMÍLIA, *menina*
ROSINHA
JOANINHA
VIEIRA
ROBERTO
FREDERICO
HENRIQUE
ARTUR

ALBERTO
MAGALHÃES
ANTUNES
ALFREDO
LEOPOLDO
JOÃO DA SILVA
JOÃO, *mulato escravo*
UM PIERRÔ
UM ESCRAVO
UM CRIADO
MASCARADOS DE AMBOS OS SEXOS

O 1º. e 2º. atos passam-se em Pernambuco; o 3º. na cidade do Rio de Janeiro; o 4º. na província.

ATO PRIMEIRO

(*O teatro representa uma sala mobiliada com luxo antiquado, em casa de Vieira; portas no fundo e dos lados; um piano, etc.*)

### Cena I

BARONESA, ARTUR e JOÃO
(*A baronesa entra de braço com Artur, e seguida por João.*)

BARONESA
Então ainda estão à mesa?

JOÃO
Ainda, sim, senhora; mas vou dizer que minha senhora está aí.

BARONESA
Não é preciso; prefiro não incomodá-los, não digas nada, João.

JOÃO
Como minha senhora quiser... Também já estão acabando.

BARONESA
Bem; esperaremos aqui. (*João sai*)

### Cena II

BARONESA *e* ARTUR

BARONESA
(*sentando-se*)
Estimo este pequeno contratempo, pois quero de novo recomendar-te todo o tato e finura neste negócio; é decerto o mais sério de que tens tratado; e temo por ti.

ARTUR
Oh! minha mãe, não é coisa tão de costa acima, e, apesar da minha modéstia, declaro que me acho com forças de levar ao cabo mais difíceis empresas.

BARONESA
Põe de parte essas bazófias, e ouve-me. (*Artur senta-se*) Durante a viagem provei evidentemente – que nada, ou quase nada, possuímos. O que o barão, teu pai, deixou-nos, já lá vai pela água abaixo: era pouco...

ARTUR
Não tanto; duzentos contos de réis!... Se minha mãe tivesse sido um pouco mais econômica poderíamos viver com decência.

BARONESA

Não faças recriminações injustas, meu filho. Bem sabes que não fui culpada; a ignorância dos negócios, e, mais que tudo, os procuradores, essa raça de roedores insaciáveis, foram a causa da nossa ruína. O meu amor do luxo, confesso, concorreu um pouco para esse triste resultado... Mas tu não gastaste na Europa cinqüenta contos de réis em cinco anos? Ias fazer ali a tua educação, preparar-te para seguir uma carreira que nos levasse às alturas em que nos deixou teu pai, e afinal vieste... doutor de Goething, um título que tem o privilégio de fazer rir.

ARTUR

Mas...

BARONESA

Mas não percamos tempo, repetindo um ao outro o que perfeitamente sabemos: seja a culpa minha ou tua, de ambos ou da sorte, o que é fato é – que a nossa fortuna está de todo arruinada, e que nesse completo naufrágio apenas até agora tenho podido conseguir sustentar-nos à tona da água, agarrados a uma bóia de salvação – o crédito. Mas essa mesma, fraca como é, apesar de manobrá-la eu com admirável precisão, não tardará em afundar-se conosco: a água embebe-a já, e penetra-a por todas as costuras. Em breve se há de descobrir que as casas em que vivemos, os escravos que nos servem, já estão todos hipotecados. Então as minhas jóias falsas a ninguém mais hão de enganar; e o castelo de papelão que com tanto esforço tenho podido conservar de pé, minado por todos os lados, há de vir abaixo. Ai! filho, filho! com terror vejo ali bem perto o rosto esquálido da miséria!

ARTUR

(*levanta-se*)

Sossegue, minha mãe; a nossa posição não é tão feia como a está pintando: a minha inteligência, os meus amigos e parentes...

BARONESA

Tudo isto pouco vale.

Senta-te e ouve-me.

Nunca contrariei o menor dos teus caprichos, nunca te repreendi; mas as circunstâncias hoje são gravíssimas; devo, pois, falar sem rebuço à tua razão.

Vamos dar começo a uma grande batalha: eu sou o general, e tu o soldado. Li que Napoleão, do alto dos Alpes, com um dedo indicava às suas tropas as planícies riquíssimas da Itália, e com o outro apontava para os andrajos de que estavam cobertas. O seu exército compreendeu-o, e daí a pouco cevava a fome com as mais delicadas iguarias, cobria a nudez com os mais finos tecidos, e abrigava-se sob colunatas de mármore e pórfiro. Sigo o exemplo desse grande capitão; imita o comportamento dos seus soldados. Sim, filho, acredita-me, os teus recursos nada valem, os teus amigos e parentes são miseráveis andrajos: cumpre, pois, vencer esta grande batalha, ou...

ARTUR

Basta, minha mãe!

BARONESA

Ainda não; quero executar à risca o meu programa. Mais tarde agradecer-me-ás esta maçada.

ARTUR

Mas estou decidido.

BARONESA

Sei disso; porém desejo que compreendas bem o alcance desta campanha, para que melhor possas executar o teu papel. A fertilíssima Itália é simbolizada por Amélia, bela e bem educada menina, e, sobretudo, rica como nenhuma outra herdeira de Pernambuco. Tens fome de prazeres, de festas, de luxo; seu pai guarda nos seus cofres com que saciar-te completamente. Eia, granadeiro, ao assalto!

ARTUR
(*erguendo-se com vivacidade*)
Pronto!

BARONESA

Ouve-me ainda. És bonito rapaz; de Paris te vieste vestindo primorosamente; ninguém como tu amarra uma gravata, ninguém entra melhor em uma sala. És atrevido; é uma boa qualidade... Mas cuidado!... As tuas conquistas fáceis de Paris exageraram essa virtude, e quase a transformaram em defeito. Respeita os prejuízos do velho... olha... desde já põe fora este charuto: não te perdoaria ele se te visse fumando na minha presença. É rabugento, pé-de-boi; mas procura descobrir-lhe os fracos, o que te será fácil, pois não os oculta. Adula as suas manias, aprova as idéias bolorentas que tem e, sobretudo, promete-me seguir à risca os meus conselhos.

ARTUR
(*põe fora o charuto*)
Oh!... prometo-lhe.

BARONESA
Bem. Há oito dias disse-te no baile do Moreira que fizesses a corte à Amélia o mais escandalosamente possível, e logo espalhei, pedindo segredo às minhas amigas, o que era o melhor meio de a divulgar, a notícia de estares de amores com ela. Convém comprometer um pouco as filhas desses ginjas: é o melhor meio de obter deles o consentimento. (*Artur perfila-se e faz uma continência à sua mãe*)

ARTUR
Bravo, meu general! Com mil bombas!... não o supunha tão forte.

BARONESA
É a experiência, filho. O diabo não sabe muito por ser diabo, mas por ser velho, dizia meu avô. Mas não é disso que se trata. Apronta-te para começar o fogo, porém com moderação. Não faças como o caçador noviço que espanta a caça com tiros inúteis; sê atilado, astuto e prudente como um índio de Cooper... Eles aí vêm. (*erguendo-se*) Ainda uma última coisa; mas esta é essencial: prometes-me abandonar esse namorico que tens com Isabel, bonita rapariga, é certo, mas pobre como Jó?

ARTUR
Juro-lho: ao menos enquanto não empolgar o dote de Amélia... Depois veremos.

BARONESA
(*dando-lhe uma leve pancada no rosto com o leque*) Brejeirinho!...

## Cena III

*Os mesmos*, VIEIRA, ANTUNES, MAGALHÃES, ROBERTO *e depois* AMÉLIA

VIEIRA
Sra. baronesa, V. Exa. por aqui!... Sr. Artur, como está?... (*apertam-se as mãos*) Chegaram há muito?

BARONESA
Há apenas alguns minutos.

VIEIRA
E esse brutos nada me disseram!

BARONESA
Fui eu que o exigi. Não queria incomodá-los.

VIEIRA
V. Exas. nunca nos incomodam. Já jantaram?

BARONESA
Já, Sr. Vieira; agradecida. Mas onde está a sua encantadora filha?

#### Vieira
Ei-la; aí vem. (*entra Amélia*)

#### Baronesa
Viva, viva, minha linda menina. Como está formosa e crescida!... É uma maravilha. (*beija a Amélia*) Não esperava que viéssemos vê-los tão longe da cidade?

#### Amélia
Não, Exma., mas V. Exa. é tão boa, que adivinhou os nossos desejos.

#### Baronesa
Como é espirituosa! (*a Vieira*) Quer queiramos, quer não, estamos ficando velhos, Sr. Vieira. (*a Amélia*) Hoje faz dezesseis anos, não é assim, meu anjinho?

#### Amélia
É verdade, Exma.

#### Artur
(*cumprimentando Amélia*)
D. Amélia, aceite as minhas felicitações por tão feliz aniversário. Que os conte muitos é do nosso interesse, pois temos orgulho em dizer que a pérola do norte é de Pernambuco.

#### Amélia
(*a Artur*)
O Sr. é extremamente bom.

BARONESA
Minha mimosa, aqui lhe trago uma lembrança insignificante; espero que a aceite como partindo de uma amiga sincera. (*entrega-lhe um objeto*)

AMÉLIA
Pois não, minha senhora... Muito obrigada.

ARTUR
Sr. Vieira, dá licença que ofereça a Exma. sua filha este álbum de vistas de Paris? (*entregando o álbum*) É uma lembrança de turista.

ANTUNES
(*baixo a Vieira*)
O rapaz será capinha?... Não admira... se voltam da Europa mais tolos do que vão.

BARONESA
Artur, não conheces o Dr. Roberto?

ARTUR
Ainda não lhe fui apresentado.

ROBERTO
Essa cerimônia parecia-me inútil. (*a Artur*) Creio que ainda se há de lembrar do tempo em que o vi empinando papagaios.

ARTUR
(*vexado*)
Sim, é verdade... agora me recordo.

#### Antunes

Sra. baronesa, V. Exa. perdeu um jantar delicioso!... Que moquecas!... que peru!... que arroz de forno!... que magnífico Lisboa!... que excelente Porto!... O cozinheiro do meu velho amigo merece uma coroa.

#### Roberto

Dê-lhe coisa que mais lhe convenha: alguns mil réis para a sua alforria.

#### Antunes

Qual, doutor!... concorrer para sua liberdade seria querer infelicitá-lo. O negro nasceu para ser escravo, como o porco para ser comido.

#### Roberto

De maneira que, quando um está no matadouro e o outro sob o azorrague de seu senhor, devem ficar contentíssimos; cumprem a sua missão. (*irônico*) O Sr. Antunes é um profundo filósofo!

#### Artur

Ah! o Sr. Dr. é negrófilo?

#### Vieira

Um pouco, para ter somente o prazer de contrariar os outros. E o senhor?

#### Artur

Negrófilo!... Deus me livre de cair nesse ridículo.

#### Baronesa
Estes homens são incorrigíveis!... São capazes de travar uma questão sobre um assunto que não vale a pena. Deixem-se disso, e unam-se a mim para pedirmos a D. Amélia que toque um pouco de piano. Sei que é uma grande professora, e eu desejaria muito ouvi-la. (*a Amélia*) Acede ao meu pedido, meu anjinho?

#### Amélia
Pois não, minha senhora: tanto mais que se o não fizesse deixá-la-ia com uma idéia errônea. Vou provar que a enganaram.

#### Artur
Perdão, D. Amélia... Mas não a acreditamos: sua modéstia não permite que seja bom juiz; e desde já aposto que não nos iludiram.

#### Amélia
Seria uma aposta perdida.

#### Artur
Tenho certeza do contrário.

#### Amélia
Em que a funda?

#### Artur
(*dando a mão a Amélia para conduzi-la ao piano;
à meia voz*)
Na beleza de seus olhos.

AMÉLIA
(*alto*)
Ainda que fossem belos, bem sabe que não é com eles que se toca piano. (*senta-se ao piano, e enquanto conversa com Artur, que se coloca a seu lado, Vieira entretém-se com a baronesa, e Magalhães com Antunes. Roberto folheia um álbum. Depois de alguns prelúdios, Amélia toca pedaços do* Elixir do Amor)

ANTUNES
(*baixo a Magalhães, enquanto Amélia toca*)
O negócio está desfeito: não levas a rapariga.

MAGALHÃES
(*idem a Antunes*)
Por quê?

ANTUNES
(*idem*)
Os dez contos que me prometeste é pouca coisa. A baronesa dar-me-á mais, se eu a quiser ajudar; e com o filho o negócio é menos difícil de arranjar-se do que contigo.

MAGALHÃES
(*baixo mas irado*)
Mas, homem, isto é...

ANTUNES
(*atalhando-o*)
Uma patifaria, já sei; porém reflete que fui eu que descobri esta especulação. Procurei-te, porque

sabia que querias enriquecer rapidamente, custasse o que custasse. Se aceitaste a minha proposta, mil outros fariam o mesmo. Arranjei, para dar-te a necessária importância, que teu patrão te fizesse sócio da sua casa com uma parte nos lucros, que apenas corresponde ao teu antigo ordenado: mas és sócio e todos te crêem no caminho da fortuna. Enfim, aqui te introduzi; tenho-te elogiado constantemente, metido à cara do velho, e deves estar convencido que se eu não te ajudar com os meus constantes esforços, nada arranjarás: dez contos é, portanto, muito pouco. Darás vinte.

MAGALHÃES
Mas...

ANTUNES
Sim, ou não?

MAGALHÃES
Sim! carrasco!

BARONESA
Calem-se, bárbaros; com o seu zumbido não nos deixam ouvir. (*a Vieira*) Esta menina, Sr. Vieira, foi um tesouro que Deus lhe deu; é pena ser mulher.

VIEIRA
Por quê?

BARONESA
Porque entre os nossos rapazes de Pernambuco, quase todos tão mal amanhados, e nada conhecedores da sociedade elegante, bem poucos vejo dignos dela.

#### Vieira

Qual, minha senhora! Com o dote que tem não lhe será difícil encontrar um marido honrado e trabalhador, que aumente o que lhe hei de deixar.

#### Baronesa

*(a Vieira, com amabilidade, fazendo-lhe sinal para que se cale)*

Cio!... Que bonito!... Que gosto!... Que execução!...

#### Antunes

Divino!

#### Magalhães

Bravo, bravo!...

#### Amélia

Conhece este pedaço, Sr. Magalhães?

#### Magalhães

Sim, senhora... Isto é... não me lembro bem.

#### Amélia

Oh!... é tão conhecido!...

#### Magalhães

Sim, recordo-me agora: é uma peça em que há uma rapariga vestida de branco, que no último ato atira-se aos pés de um velho a quem chama de – padre –, o que penso ser por engano, pois pela mitra que o tal velho tem na cabeça deve ser, pelo menos, bispo; e a prova é que ele se zanga com isso... E o nome que me está escapando!... Tenho mesmo na ponta da língua. (*preocupa-se, Amélia e Artur sorriem-se*)

ARTUR
É linda esta música; mas eu prefiro a escola alemã à escola italiana.

AMÉLIA
Pois eu não. A alemã é mais sábia, a italiana mais poética; a primeira é aprendida no estudo de gabinete, a segunda é inspirada pelos gorjeios dos pássaros nas laranjeiras de Pousillipe, pelo ciciar da aragem nas montanhas do Tíbur, pelo gemido das vagas nas areias de Parthenope, uma, enfim, fala à cabeça, a outra ao coração.

MAGALHÃES
(*interrompendo*)
Ah! já sei; o nome da peça é *Norma*.
(*Todos riem-se menos Antunes e Vieira.*)

AMÉLIA
(*sorrindo*)
Adivinhou, Sr. Magalhães.

ARTUR
(*a Amélia*)
Que bruto!... confundir a *Norma* com o *Elixir do Amor*!

ROBERTO
Deixe-lhe examinar o crânio, Sr. Magalhães; deve ter muito desenvolvida a bossa da música e a

das belas-artes. (*examinando-lhe o crânio*) Que cabeça! Só tem de saliente a bossa da cobiça.

MAGALHÃES
(*bruscamente*)
Ora!

AMÉLIA
(*erguendo-se, a Artur que tem-lhe falado baixo,
à meia voz*)
Não sei se é um cumprimento, ou um insulto o que acaba de dizer-me; em todo o caso, não me arrisco mais a ouvi-lo.

BARONESA
Então, que é isso?... Não continua?!...

AMÉLIA
Não, minha senhora; dói-me um dedo que feri com uma agulha.

BARONESA
(*a Vieira*)
Como, Sr. Vieira?!... Pois consente que aquelas mãozinhas de rainha se firam na costura!

VIEIRA
Ora... não há de morrer por isso.

BARONESA
Mas olhe que é uma impiedade.

#### VIEIRA
Qual impiedade, minha senhora. Ela corta e cose os seus vestidos. Se sabe o francês, a música, o desenho e outras ninharias, é porque lho quiseram ensinar no colégio; com isso não me importei; mas lavar e engomar fiz com que aprendesse. Uma dona de casa não é uma boneca de salão.

#### ANTUNES
Apoiado.

#### MAGALHÃES
Apoiadíssimo!

#### AMÉLIA
(*a Roberto, de parte*)
O tal senhor meu primo creio que se deleita com o trabalho de que meu pai o encarregou.

#### ROBERTO
(*a Amélia, à meia voz*)
O pobre rapaz não se demora decerto por seu gosto. Teu pai ordenou-lhe, sem respeito pela febre da digestão, que fosse escrever três longas cartas que ele deve levar à cidade; e meia hora não é muito.

#### AMÉLIA
(*à meia voz*)
Para quem não espera.

#### ROBERTO
(*travando-lhe a mão*)
O quê?

### Amélia
*(abaixando os olhos)*

Nada.

### Baronesa
*(a Amélia)*

Anjinho, deixe de conversar com este mau homem, a quem tanto estimo, não sei mesmo por quê! Venha dar-me um abraço, que são horas de partirmos.

### Vieira

V. Exa. não se há de ir sem ver primeiro a minha horta. Amélia invade todos os dias os meus canteiros de hortaliça com as suas flores, como se uma rosa, por mais bela, pudesse valer um repolho rechonchudo. Apesar, porém disto, creio que não há por aqui outra tão bonita.

### Baronesa

Com muito gosto; porém de lá mesmo seguiremos. (*à parte*) Artur fez decerto alguma asneira; preciso saber já o que foi.

### Vieira

Estes senhores nos acompanharão. (*dá o braço à baronesa; Magalhães e Antunes correm a oferecer o seu braço a Amélia; esta, porém, toma o de Roberto*)

### Amélia

Perdão, meus senhores, é o direito do amigo mais velho.

VIEIRA
*(a Roberto)*
Ah! doutor, esquecia-me de lhe dizer que a ama de Amélia está doente; desejava que a fosse ver.

ROBERTO
Pois não!... Desculpe-me, Amélia. (*larga-lhe o braço, Magalhães adianta-se, mas Artur toma-lhe o passo. – Saem todos, menos Roberto*)

### Cena IV

ROBERTO *e* HENRIQUE

ROBERTO
(*indo a sair por uma das portas laterais encontra-se com Henrique, que traz na mão um maço de cartas*)
Ah!... acabaste afinal com essa maçante correspondência.

HENRIQUE
Creio que sim.

ROBERTO
Como?! Apenas crês?

HENRIQUE
Sim, meu amigo, pois não tenho consciência do trabalho que fiz, minha mão escrevia, mas o meu espírito não a guiava: preso, cativado por uma visão celeste, embriagado por um sentimento doce e pun-

gitivo ao mesmo tempo, elevava-se a essas misteriosas alturas, em que se perde de vista a vida positiva. Debalde procurava entregar-me ao trabalho de que me tinha encarregado: meu corpo podia, por um esforço de vontade, permanecer ali; mas a minha alma revoltava-se, vencia-me e perdia-se no espaço.

ROBERTO

Tá, tá, tá!... Que série de extravagâncias estás me impingindo!... Tudo isto é filho de uma digestão perturbada? Nunca te vi, perdoa que to diga, tão tolo e tão enigmático!

HENRIQUE

Escute-me, doutor, e compreender-me-á. É talvez a única pessoa que por mim se interessa. Vou, pois, abrir-lhe o meu coração.

Amo a minha prima Amélia, com todo o ardor que esta atmosfera abrasada que respiramos incute em nossos peitos; e essas horas que eu contava passar junto dela, e que se escoaram em fastidioso trabalho, pareceram-me horas de martírio; tanto mais que sei que a seu lado está um homem que a requesta.

ROBERTO

Ah!... Amas a Amélia! E já lhe confiaste esse sentimento?

HENRIQUE

Não. Bem doce me seria, prosternado a seus pés dizer-lhe: – Amo-te, e oferecer-lhe a minha vida inteira. Mas não ouso; receio que zombe de mim, que se ria das minhas frases... Votar-lhe minha alma, culto, adoração eterna, o que vale? Que importa à formosa rosa o mudo verme que lhe passa aos pés?

ROBERTO
Então não tens esperanças?

HENRIQUE
Não, meu amigo. Entretanto, há momentos em que seus olhos parecem responder à linguagem muda dos meus, em que falando-me, treme-lhe a voz, hesita e, como eu, balbucia. Mas bem sei que isso não passa da ilusão do náufrago, que em cada froco de escuma que avista no horizonte julga descobrir um navio, a salvação, a ventura. Tem-me talvez essa afeição sincera e pura que a criança consagra ao seu companheiro de infância, porém, não me ama nem pode amar-me. E se quando seu pai me maltrata, seus olhos se umedecem, é o pranto da amizade que os banha, não são lágrimas de amor.

ROBERTO
Tens razão, meu filho; Amélia não pode amar-te; e esse sentimento que por ela nutres só dores e tormentos te hão de trazer: sufoca-o, pois; recalca-o bem no íntimo do teu coração; foge-a, esquece-a.

HENRIQUE
Bem o tenho tentado; mas não posso. Oh! Deus!... acaso, destino ou providência, o que te fiz eu para que enraizásseis em minha alma essa planta daninha e corrosiva que se chama – um amor sem esperança?!...

ROBERTO

Sê forte; luta e vencerás!

HENRIQUE
(*desanimado*)

Não posso.

ROBERTO
(*com força*)

É porque és um cobarde.

HENRIQUE
(*ferido*)

Doutor!

ROBERTO
(*com severidade*)

Sempre pensei que tua alma fosse de têmpera mais rija!... Enganei-me. Segue o teu destino, roja-te aos pés de Amélia, e prepara-te para sofrer os seus desdéns, pois é o que merece um homem fraco e sem brio.

HENRIQUE

O que faria no meu caso?

ROBERTO

Partiria imediatamente, para só voltar aqui de todo curado.

HENRIQUE
(*travando-lhe da mão*)

Partirei!

ROBERTO

Bem; espera-me um pouco e partiremos juntos. Dá-me um abraço, Henrique, que és um homem de coragem. (*sai*)

HENRIQUE
(*sentando-se*)
Oh!... como custa esmagar o coração!! (*deixa cair a cabeça sobre os braços, que cruza sobre a mesa*)

## Cena V

HENRIQUE e AMÉLIA

AMÉLIA
(*entra apressada trazendo na mão uma porção de flores e, dando com Henrique, estaca*)
Ah!... (*aproxima-se pé ante pé de Henrique, sobre cujo ombro descansa de leve a mão; Henrique ergue-se espantado, e dando com ela, levanta-se, travando-lhe da mão*)

HENRIQUE
Amélia! (*tornando-se reservado e largando da mão*) Minha senhora.

AMÉLIA
Jesus, meu Deus!... que diplomacia! Fiz-lhe algum mal?... Zangou-se porque vim interromper as suas cogitações? (*ligeiramente amuada*) A culpa não é minha. A baronesa colheu estas flores, e eu vim ar-

ranjar-lhe um ramalhete. Desculpe; não sabia que o encontraria aqui.

HENRIQUE
Se soubesse não viria?

AMÉLIA
Se soubesse que o incomodava, decerto não.

HENRIQUE
Não me incomodas, Amélia.

AMÉLIA
Mas então diga-me o que significa o comportamento que tem para comigo, há tempos a esta parte?... Foge-me sempre; e quando é obrigado a ficar na minha presença, torna-se reservado e carrancudo?... Será porque o senhor já é um homem, e eu ainda sou uma criança estouvada?

HENRIQUE
Pelo contrário. A senhora é que se tornou de repente uma moça.

AMÉLIA
Então é por isso? E eu, que fiquei tão contente quando usei pela primeira vez de vestido comprido!... Vou amanhã pôr-me de novo de calças... (*com meiguice*) Mas o primo há de deixar esse ar carrancudo com que está... sim?... Não se envergonhará mais de pedir notícias de Henrique e de Amélia, aqueles dois lindos bonecos de que somos padrinhos, e que há seis meses casamos... Nem mais se

lembra! Pois saiba que tenho tratado muito bem de seu afilhado, durante todo o tempo que o senhor esteve na cidade. Dizia-lhe: "Teu padrinho está um homem sério e importante; já de ti não faz caso: pois bem, nem por isso ficarás abandonado". Fiz-lhe duas sobrecasacas, calças, camisas bordadas... e até sou capaz de apostar que está mais bem vestido do que esse Sr. Artur.

#### Henrique
Ah!

#### Amélia
O que tem, primo?... Está outra vez sombrio?

#### Henrique
Não é nada... Algum dia talvez te explique... Mas... continua.

#### Amélia
Pois sim... Porém há de prometer-me não tomar mais esse ar sério comigo... Olhe, quero fazer-lhe uma confissão: já chorei hoje duas vezes por sua causa.

#### Henrique
Como, Amélia?! Choraste por minha causa?!

#### Amélia
Sim, Henrique; mas não sei bem explicar-te por quê. O que é verdade é que quando na mesa te fitava sorrindo, e o meu sorriso morria-me nos lábios sem que lhe correspondesses; quando te falava nessa

linguagem infantil, que ainda há pouco tão bem compreendias, e a que agora respondes com palavras tão respeitosas e frias, senti uma dor profunda, e uma lágrima me subiu aos olhos.

### Henrique
(*transportado, tomando-lhe a mão*)
Oh! meu anjo! (*Antunes espia da porta*) Por que te calaste?

### Amélia
(*depois de ligeira pausa*)
Calei-me porque quando me apertaste a mão senti uma emoção... um abalo... Por que nunca me apertaste a mão assim?

### Henrique
(*sorrindo*)
Talvez to diga algum dia... Porém contaste-me por que choraste a primeira vez... A segunda, por que foi?

### Amélia
Ah!... sim... Foi ainda há pouco no jardim.

### Henrique
E por quê?

### Amélia
Lembras-te, Henrique, quando há três anos viemos aqui passar o verão?

### Henrique
Oh! se me lembro, Amélia!...

## AMÉLIA

Que bom tempo foi esse!... Éramos duas crianças; e, como duas andorinhas, corríamos em plena liberdade por essas terras, subindo montes, atravessando prados... Recordas-te, Henrique, daquele dia em que nos perdemos? Eu quis por força voltar para casa antes da noite; para isso tínhamos de atravessar um rio caudaloso, passando por cima de um tronco escorregadiço; tomaste-me nos braços; e eu, com medo e ao mesmo tempo com confiança em ti, pendurei-me ao teu pescoço. Um passo teu menos seguro arrojava-nos à morte. Estavas pálido; e eu ouvia pulsar teu coração e o referver das águas no fundo do abismo. Quando chegamos ao outro lado, tu, que sem trepidar tinhas atravessado por cima da morte, cambaleaste, e um suor frio te banhou o rosto. "Medroso!" – disse-te. – "Poderias ter morrido." Respondeste-me, apontando para o rio, que se desfazia em espuma sobre os penedos que lhe interrompiam o curso. Ao chegarmos à casa, um cão furioso lançou-se sobre mim; atiraste-te a ele gritando-me que fugisse; e quando acudiram, estavas banhado em sangue. Nesse tempo nunca me deixavas, e todos os dias expunhas a tua vida para satisfazer um capricho meu. Em um dos nossos passeios divisei no cimo de uma enorme jaqueira uma parasita. "Que linda flor!" – disse eu. Debalde te quis reter. Enquanto trêmula, assustada, te via pendurar a tua vida aos raminhos mais delgados do gigante que vergavam-se ao teu peso, tu me sossegavas sorrindo. Foi tal o meu susto, que quando me entregaste a flor, que com tanto perigo foras buscar, estava de joelhos e rezava.

HENRIQUE

Querida Amélia!

AMÉLIA

Pois bem: ainda há pouco, vendo uma parasita que estava apenas a alguns pés de altura, exclamei: "Ali está uma flor que preferiria a todas que tenho no jardim!" Ninguém pareceu ouvir-me. O Sr. Artur não se arriscaria a estragar as suas calças tão bem-feitas, a magoar as suas mãos com tanto esmero cuidadas. Quanto aos Srs. Antunes e Magalhães, só deles falo por memória. Lembrei-me então que um perigo podia aparecer; que meu pai está velho; e procurando em torno de mim, não vi um defensor. Tu ali não estavas a meu lado como outrora... e tive de esconder uma segunda lágrima.

HENRIQUE

Amélia!

JOÃO
(*entrando*)

Sinhá moça, sinhô está chamando; mandou dizer que sinhá baronesa está com pressa.

AMÉLIA

Está bem; dize-lhe que já vou. (*sai João*) E eu que já me tinha esquecido dessa baronesa, que tanto me aborrece com seus elogios à queima-roupa. Por isso mesmo há de levar um ramo bem mal arranjado. (*arranja o ramo*)

HENRIQUE

Não voltas?

AMÉLIA
(*sorrindo*)
Com uma condição.

HENRIQUE
(*idem*)
A que quiseres.

AMÉLIA
Há de me dizer quando eu voltar por que tem estado tão frio para comigo, e por que tornou agora ao seu antigo estado.

HENRIQUE
Não adivinhaste?

AMÉLIA
(*sorrindo*)
Talvez. (*sai a correr*)


**Cena VI**

HENRIQUE *e depois* ROBERTO

HENRIQUE
Ah! meu Deus, perdoai ao louco que ousava queixar-se da sua sorte.

ROBERTO
(*entrando*)
Vamos, Henrique, partamos.

HENRIQUE
(*atirando-se-lhe nos braços*)
Ah! doutor, sou o mais feliz dos homens! A minha vida está completamente mudada. Já não parto.

ROBERTO
O que significa isto?

HENRIQUE
Amélia daqui saiu, e creio que me ama.

ROBERTO
(*contrariado*)
Já o sabia.

HENRIQUE
Então é um mau amigo, doutor!... torturava-me há pouco por mero divertimento.

ROBERTO
És injusto, Henrique; suspeitava que tua prima te amava, e conhecendo que desse mútuo amor só dores e desgraças para ambos podem provir, procurei afastar-te dele. Infelizmente, o destino não quis que eu realizasse esse santo intento; pois estou certo que agora, depois da confissão que te fez Amélia, impossível se me torna consegui-lo.

HENRIQUE
Mas, doutor, por que esses receios? Por que vê no horizonte só nuvens negras?

ROBERTO

Escuta-me, e pesa bem o que vou dizer-te. Conheces teu tio; ele nunca perdoou a tua mãe o ter-se unido a teu pai, homem honrado, de talento, mas completamente baldo de fortuna; não compreende que se possa ser feliz sem ter-se grandes cofres recheados de ouro; e, apesar de rico, não dará sua filha, senão a um homem dinheiroso, ou que ele suponha capaz de aumentar a fortuna que lhe há de deixar. O Sr. Vieira é um dos mais honestos, mas também dos mais aferrados membros da aristocracia do dinheiro, a mais estúpida e brutal de todas as aristocracias, e a mais intolerante. Nessa tua paixão não há de acreditar; julgará ser uma especulação para te enriqueceres à custa do dote de Amélia. Conheço-o bem, e estou certo que há de colocar-se, barreira insuperável, entre ti e ela.

HENRIQUE

Mas ela ama-me e suas lágrimas o abrandarão decerto.

ROBERTO

Enganas-te; dirá que as lágrimas das mulheres depressa secam, e quando sua filha pedia-lhe chorando a lua e as estrelas, dava-lhe um boneco de papelão; e a menina calava-se. A mulher é uma criança grande. Amélia há de chorar, arrepelar-se; mas seu pai seguirá o método com que outrora a consolava; dar-lhe-á um marido por ele escolhido; e Amélia enxugará seu pranto.

HENRIQUE

O doutor é cético, e de mais a mais um mau amigo. Por que assim dilacerar-me o peito?... Por que duvidar do coração de Amélia?... Acaso incomoda-lhe a minha felicidade?

ROBERTO

Não sou cético, nem um mau amigo; e se à poesia dos teus verdes anos respondo com a linguagem fria e geométrica da razão pura, é porque tenho visto coisas ainda mais extraordinárias. Mas não pretendo dissuadir-te; seria agora loucura; já to disse. Porém, quero que ao menos entres na luta, acreditando possível uma derrota; ser-te-á menos dolorosa, e tomarás mais precauções para evitá-la. A tua posição é muito melindrosa, muito difícil; tens contra ti o Sr. Vieira, que, além de ser pai de Amélia, o que lhe dá sobre ela direitos incontestáveis, é teu tio; e de mais a mais, julga, bem como o mundo, ser teu benfeitor. Recebeu-te em sua casa um dia em que caridosos vizinhos te arrancaram quase nu do mísero albergue em que teu pai e tua mãe haviam falecido. Deixou-te crescer como a um órfão desconhecido, em um canto de seu palacete. Tendo-lhe eu dito que precisavas de uma educação, pôs-te em um colégio. Tornaste-te um rapaz instruído, porque Deus em sua infinita bondade concede aos pobres e abandonados o amor do trabalho, e essa flama divina – a inteligência – que quase sempre nega àqueles que são criados nas sedas e nos veludos da opulência. Nunca tiveste dele uma palavra de amizade, a menor animação: entretanto, aos olhos do mundo e aos seus próprios, essas esmolas que te fez tão sem caridade, dão-lhe imenso direito sobre ti; arrostando-o, terás de lutar contra essa força irresistível, e tantas vezes cega, que se chama – a opinião pública.

### Henrique
Tem razão, doutor, mas...

### Roberto
Ainda não é tudo. Descobri que Magalhães é pretendente à mão de Amélia, e que o protege esse parasita Antunes, procurador retirado, useiro e vezeiro em intrigas e velhacadas. O Sr. Artur tem as mesmas ambições de Magalhães; dirige-o a Exma. Sra. sua mãe; e essa criatura, alambicada e pedantesca, é a mais famosa abelha-mestra que tenho conhecido. Se, pois, esses dois pretendentes por si sós pouco valem, guiados por essas duas experiências, tornam-se temíveis.

### Henrique
Que infâmia!

### Roberto
Não é tanto assim; querem o que tu queres.

### Henrique
Oh! não, doutor; eu quero a posse de Amélia tão-somente, e eles querem a sua fortuna.

### Roberto
Concordo. Mas vejamos o que tens por ti. Em primeiro lugar – o amor que te consagra Amélia: é alguma coisa, mas não de muito valor em uma luta

destas; em segundo lugar – a minha proteção; porém não sou amestrado nestas coisas, e pouco posso influir.

HENRIQUE
Doutor, não me desanime.

ROBERTO
Estou na verdade embaraçado; não sei o que possa dizer-te, e devo partir em breve para o Rio de Janeiro, como sabes. Entretanto, acompanha-me à cidade, e em viagem falaremos mais extensamente sobre isso. Vou mandar aprontar os cavalos. Sim?

HENRIQUE
Sim, doutor.

ROBERTO
Não fiques triste: voltarás amanhã. (*sai*)

**Cena VII**

HENRIQUE *e* AMÉLIA

AMÉLIA
(*entrando a correr*)
A baronesa e seu filho já se retiraram; papai foi mostrar aos Srs. Antunes e Magalhães o novo açude que mandou fazer: temos, pois, uma boa meia hora de liberdade. Creio que é tempo bastante para explicar-me, como me prometeu, por que me fugia e mostrava-se reservado comigo, nestes últimos tempos.

HENRIQUE
É que…

AMÉLIA
É que… Por que hesita?

HENRIQUE
Supunha…

AMÉLIA
Supunha…

HENRIQUE
Sim… Supunha que te ias casar.

AMÉLIA
Com quem?!… Meu Deus!…

HENRIQUE
Com alguns desses rapazes que te seguem… com o Sr. Artur, por exemplo. Disseram-me que no baile do Moreira dançaste com ele mais de uma vez, e espalhou-se mesmo a notícia do teu futuro consórcio com ele.

AMÉLIA
Que extravagância!… lembrarem-se logo daquele frasco de cheiro, engravatado e enluvado à *la dernière mode de Paris!*

HENRIQUE
Sim, era uma loucura, mas…

#### Amélia
Mas dê-me uma explicação – por que é que isto o tornava frio para comigo?... Creio que não lhe agradando a minha escolha, deveria, em vez de fugir-me, chegar-se a mim e dizer-me: – "Prima, esse homem não é digno de ti; esquece-o".

#### Henrique
Tens razão... Contudo...

#### Amélia
O quê?

#### Henrique
(*com transporte*)
Amélia, perdoa-me; mas a verdade é que te amo com todo o ardor, com toda a dedicação daqueles, que a um único ente prezam no mundo. Não conheci mãe, não conheci pai, nem irmãos, e toda a afeição que por esses entes queridos espalham os outros homens a ti só consagrei.

Eis a explicação do meu proceder, que tão absurdo te deve ter parecido. Oh!... se amasses-me compreenderias. Mas não me amas.

#### Amélia
(*acanhada*)
Quem lho disse?

#### Henrique
(*ajoelhando-se e travando da mão de Amélia*)
Será possível!... As minhas loucas esperanças ter-se-ão realizado! Oh! como é grande e nobre o teu

coração!... Serei, talvez desgraçado, mas... haja o que houver, não importa, juro-te por este momento de supremo gozo que a ti votarei minh'alma, minha vida inteira.

AMÉLIA
Obrigada, Henrique; aceito o teu juramento. (*aparecem de repente no fundo Vieira, Antunes e Magalhães*) E juro-te...

VIEIRA
Não jures, louca, o que não permitirei que cumpras! (*toma Amélia pelo braço e separa-a bruscamente de Henrique, que se ergue confuso*)

## Cena VIII

AMÉLIA, HENRIQUE, VIEIRA, ANTUNES, MAGALHÃES
*e depois* ROBERTO

AMÉLIA
(*ocultando o rosto entre as mãos*)
Meu pai.

HENRIQUE
Senhor!

VIEIRA
(*a Henrique*)
Ainda ousa dirigir-se a mim, quando me paga por este modo os benefícios que lhe fiz, recolhendo-o na indigência, criando-o, dando-lhe uma educação?!...

#### Henrique
Senhor!... perdão... mas as minhas intenções são as mais puras.

#### Vieira
Entendo-o! Faz-me a honra (*irônico*), o senhor que não tem onde cair morto, de aceitar a mão de minha filha, e, sobretudo, a fortuna que lhe há de pertencer, e que juntei com o suor do meu rosto!... (*furioso*) Sai já desta casa, atrevido!... sai!

#### Amélia
(*suplicante*)
Meu pai!

#### Vieira
(*para Amélia*)
E tu, louca, é assim que recebeste a educação que te dei? Se não fossem os teus poucos anos, expulsar-te-ia desta casa com o infame que te seduziu.

#### Henrique
Sr. Vieira, insulte-me; eu posso perdoar-lhe, pois devo-lhe muito; mas respeite sua filha.

#### Vieira
(*furioso, avançando para Henrique*)
Ainda aqui está!... (*chamando*) Manoel!... João!... Francisco!... atirem fora este ingrato, que insultou os cabelos brancos de seu benfeitor.

#### Roberto
(*aparecendo*)
Sai, Henrique; em nome de tua mãe, da irmã do Sr. Vieira, eu te ordeno que saias!

HENRIQUE
Adeus, Amélia!... recorda-te. (*sai. Amélia de mãos postas, lança-se aos pés de seu pai, que a repele. Ela cai desmaiada: Roberto ampara-a.*)

VIEIRA
(*a Roberto*)
Deixe esta indigna.

ROBERTO
O Sr. Vieira pode mentir à sua missão: ser pai e esmagar-lhe a alma; eu não faltarei à minha: sou médico, salvar-lhe-ei o corpo.

FIM DO ATO PRIMEIRO

ATO SEGUNDO

(*Sala ricamente mobiliada, em casa de Magalhães; portas laterais e janelas no fundo.*)

### Cena I

Bráulia e Alberto

Bráulia
Pode entrar, estamos sós.

Alberto
(*entrando*)
Então, Bráulia, como vão os meus negócios?

Bráulia
Muito bem.

Alberto
Há um século que me dizes isto. Entretanto, estou sempre na mesma.

#### Bráulia
Um século!... Que exageração! Há apenas seis meses que lhe escreveu a primeira carta.

#### Alberto
Que tem sido seguida de mil outras, sem que eu ganhe uma polegada de terreno. Estou quase desanimado! A minha musa seca-se, e com razão. Há dias passando revista aos borrões das minhas cartas, reconheci que lhe tinha escrito as palavras: – amor 185 vezes; paixão 196; constância eterna 120; ingrata, bárbara, tirana, umas 200 vezes. Quanto às exclamações ah!... oh!... não têm conta. Ora, isto faz com que eu sinta já crispações nervosas quando pego na pena para escrever-lhe.

#### Bráulia
O senhor desanima com qualquer coisa!

#### Alberto
Não; mas é que me está parecendo que por mim não te tens interessado bastante.

#### Bráulia
Que ingratidão!... Tenho feito impossíveis para servi-lo.

#### Alberto
Então é que ela é insensível e dura como um diamante; e eu, que não nasci para lapidário, deixo-a entregue aos carinhos do machacaz do marido.

BRÁULIA
Pois faz uma tolice; o negócio tem ido devagar, mas o senhor não tem motivos para perder as esperanças.

ALBERTO
Em que funda-as? Tenho procedido, graças aos teus conselhos, confesso, com um tino e constância admiráveis; e o resultado tem sido zero, mais zero, igual a zero.

BRÁULIA
Ora...

ALBERTO
É que estou na realidade cansado; tenho passado uma vida de negro. Disseste-me que ela gostava de música: imediatamente agarrei-me a uma flauta, e aí vou eu, noite e dia, modulando os mais lindos pedaços, as mais ternas harmonias. Orfeu... sabes quem era Orfeu?

BRÁULIA
Não.

ALBERTO
Era um mestre de música da antiguidade que se divertia em dar concertos aos animais. Pois bem; esse senhor, com uma má lira de três cordas enterneceu a Cérbero, um animal grosseiro, raivoso e malcriado. Entretanto, eu, com os meus trinados, só tenho conseguido emagrecer como um varapau. Nem sequer tem ela tido a curiosidade de saber quem é o desgraçado que passa a vida a lhe dar concertos in-

termináveis. Disseste-me também que era romanesca; e eu e tu inventamos uma correspondência terrivelmente misteriosa. Escrevo-lhe as cartas as mais arrebatadoras e vulcânicas, que lhe chegam às mãos por uma espécie de mágica; e com isso só alcanço esgotar o meu repertório de frases ardentes.

BRÁULIA
Assim é; mas repito-lhe: – não esmoreça; temos um auxiliar mais poderoso que a música, que as cartas vulcânicas, que o mistério.

ALBERTO
Qual é?

BRÁULIA
É meu senhor.

ALBERTO
Como?

BRÁULIA
Sabe o que ela fez das suas primeiras cartas?

ALBERTO
Rompeu-as sem abri-las, quando aliás não sabia de quem eram, quando as recebia, para ela, de um modo inconcebível!... Ai de mim!... Deus para castigar-me criou de propósito esse portento – uma mulher não curiosa – e atirou-mo à cabeça.

BRÁULIA
Pois bem. Há dias, tendo ela sido muito maltratada por meu senhor, sem o menor motivo, aproveitei-

me da ocasião e fiz com que recebesse uma das suas últimas cartas. Abriu-a e leu-a.

### Alberto
Vitória! És o demônio mais ladino que tenho conhecido. (*aproxima-se de Bráulia, tentando beijá-la*)

### Bráulia
(*empurrando-o*)
Fique quieto; ouça-me, e depois me dirá se deve ou não abandonar a empresa.

### Alberto
Aqui estou sem tugir nem mugir.

### Bráulia
Ela já não rompe as suas cartas; pelo contrário, as relê, chora e fica pensativa. Ora, todos somos de carne e osso, portanto, mais tarde ou mais cedo há de cair.

### Alberto
Oh! meu demônio tutelar! Como te recompensarei então?!

### Bráulia
Nada quero. Se o ajudo, o Sr. também me serve. Estamos quites.

### Alberto
Como?

### Bráulia
Não posso explicar. Porém voltemos ao que importa. Quer continuar, ou não?

ALBERTO
Agora mais do que nunca.

BRÁULIA
Trouxe a carta?... e nela diz o que lhe aconselhei?

ALBERTO
Tintim, por tintim.

BRÁULIA
Então dê-ma, e retire-se. É tempo. O que houver de novo lhe mandarei dizer: mas esteja pronto para o que der e vier.

ALBERTO
(*dando-lhe uma carta*)
Espero as tuas ordens. (*sai; Bráulia espia a ver se vem alguém, e esconde a carta que lhe deu Alberto entre as folhas do livro que está sobre a mesa*)

BRÁULIA
A partida é arriscada, mas pretendo ganhá-la. (*sai*)

## Cena II

AMÉLIA
(*só. Entra com passos vagarosos, pálida e pensativa, e senta-se numa poltrona*)
Quatro anos já lá vão! Quatro anos!... Os melhores da vida de uma mulher... E como os tenho passado!... Como todas as minhas ilusões se desvaneceram!... Que triste despertar!... Outrora a inocência e

a esperança, hoje a experiência e o desengano! (*abre o livro que está sobre a mesa e dele cai a carta ali posta por Bráulia. Apanha-a e reconhece a letra*) Ah!... É o meu apaixonado misterioso: um mágico que adivinha todos os meus pensamentos e comparte todas as minhas dores. (*lê*)

## Cena III

AMÉLIA, JOÃO *e depois* ROBERTO *e* AMÉLIA

JOÃO
(*entrando*)
O Sr. Dr. Roberto quer falar com minha senhora.

AMÉLIA
(*vivamente*)
Dize-lhe que não estou. (*à meia voz*) Tenho vergonha. (*João vai a sair*) Não; dize-lhe que entre. (*acabando de ler a carta*) Obrigada, meu amigo. (*guarda-a no seio*)

ROBERTO
(*entrando, na porta, com reserva*)
D. Amélia.

AMÉLIA
(*no mesmo tom*)
Sr. doutor.

ROBERTO
(*caminhando para Amélia com transporte*)
Minha filha!

AMÉLIA

(*o mesmo*)

Meu amigo!

ROBERTO

Já lá vão quatro anos que não nos encontramos... Como estás mudada!

AMÉLIA

Quatro anos não são quatro dias! Estou velha.

ROBERTO

Velha! aos vinte anos!... nessa quadra gentil, perfumada de ilusões em que os anos se contam por primaveras! Loucura!... Mas estás pálida, abatida!... Sofres?

AMÉLIA

(*sentando-se e oferecendo uma cadeira a Roberto*)

Não; nada tenho; ando apenas um pouco nervosa. O doutor sabe que eu sempre fui sujeita a faniquitos.

ROBERTO

(*sentando-se*)

Por que me queres ocultar os teus padecimentos? Sei que os tens.

AMÉLIA

Quem lhe disse?

ROBERTO

Ninguém; mas tenho olhos perspicazes. Não é esta a primeira vez que te vejo. Logo ao chegar, procurei encontrar-te, ver-te, mas de longe.

Fui ao teatro: eras a mais bela, a mais adornada; mas reconheci que debaixo dos teus enfeites escondias um sofrimento acerbo.

AMÉLIA
Seus olhos o enganaram, doutor.

ROBERTO
Assim fosse! minha filha; mas infelizmente tenho provas do contrário. Encontrei-te dias depois na igreja onde vais ouvir missa. O santo sacrifício já tinha terminado, e só tu permanecias de joelhos, num canto escuro, murmurando uma fervorosa prece. Uma lágrima rolou dos teus olhos e caiu sobre o teu livro de oração... Não são as moças formosas, ricas e felizes que assim oram; são as mártires, Amélia!

AMÉLIA
Doutor, todos lhe dirão que sou feliz.

ROBERTO
Com efeito, todos mo têm dito; mas dou a essas asserções o peso que merecem. Valem elas acaso a lágrima que vi sucar teu rosto? Não decerto. Sofres, porém como o menino espartano: escondes a fera que te rói as entranhas, e mostras semblante alegre negando a sua presença. Porém não me iludes. Se foras ditosa, eu não te procuraria; mas és infeliz, e por isso aqui vim oferecer-te as consolações e os conselhos de um amigo velho, franco e leal.

AMÉLIA
Compreendo-o, doutor, e lhe agradeço, porém...

Roberto
Não tentes mais enganar-me.

Amélia
Doutor, não sei se devo...

Roberto
Deves; sou para ti quase um pai. Bem sabes que não é uma curiosidade banal que venho satisfazer: conta-me, pois, o que se tem passado depois da minha partida.

Amélia
Pois bem, escute-me. Lembra-se do último dia em que nos encontramos? Foi um dia terrível!... Ainda que eu viva cem anos, não o esquecerei nunca. Meu pai estivera quase a amaldiçoar-me, e Henrique fora expulso de nossa casa. Não sei por que não morri então! Quando voltei a mim, só o meu amigo (*estendendo-lhe a mão*) e minha ama estavam à cabeceira do meu leito. Meu pai nem sequer por mim perguntara. Oito dias depois, eu ainda estava de cama. Um médico que eu não conhecia me tratara e me restituíra algumas forças. Meu pai apareceu então; o seu rosto era severo. Chegou-se a mim e disse-me: "De hoje a 15 dias serás esposa de Magalhães." De um salto atirei-me a seus pés: o pranto banhava-me o rosto, os meus cabelos varriam o pó do chão. Pedi-lhe, roguei-lhe por tudo quanto há de santo que revogasse tão cruel sentença: frio, inabalável, não deu ouvidos às minhas preces. Soube depois que Henrique fora recrutado a pedido de meu pai. A minha tristeza aumentou. Encerrada no

meu quarto, só recebia as visitas da baronesa de Periripe, que era a única pessoa que meu pai consentia que a mim se chegasse. É uma mulher instruída, e apesar dos seus elogios constantes à minha pessoa e a seu filho, que, segundo o que ela repetia a cada instante, devia ser o modelo dos maridos, sua conversação distraía-me um pouco. A intimidade, porém, que entre nós se estabelecia, em razão dessa convivência, contrariava, como mais tarde soube, os planos de Antunes e do Sr. Magalhães, que conseguiram interceptar uma carta da baronesa a seu filho, carta em que ela falava de mim como de uma mina de ouro, que ambos deviam explorar com o privilégio concedido pela bênção nupcial. Essa carta, sendo apresentada a meu pai e a mim, a nossa porta para sempre lhes foi vedada. Passaram-se semanas, depois meses, e, apesar dos maus-tratos, meu pai não conseguia obter o meu consentimento para o casamento que projetara. Um dia mandou-me os jornais para que eu lesse um trecho que marcara: era a descrição da batalha de Monte Caseros acompanhada de uma lista contendo os nomes dos nossos soldados e oficiais mortos nesse combate. Bem o sabe, doutor, que o nome de Henrique lá se achava. Oh! sofri muito!... sofri muito!...

ROBERTO

Pobre Amélia!

AMÉLIA

Os dias escoavam-se para mim mais negros e mais tristes do que nunca, quando vieram dizer-me que meu pai estava à morte, e desejava ver-me pela última vez. Sabe como o amava. Louca de dor, caí de joelhos junto a seu leito; ele tomou-me uma das mãos, e, com a voz já meio embargada pela morte, e com uma doçura nos olhos como há muito eu não lhe vira, pediu-me que desposasse Magalhães. Henrique morrera!... E demais, como resistir aos pedidos de um pai em um momento desses?!... Voltei-me para o Sr. Magalhães, que ali se achava: "Não posso dar-lhe o coração, disse-lhe; mas se assim mesmo quer a minha mão, aqui a tem." A mão que me estendeu era fria como a pele da serpente, e quando apertou a minha mão súbito calafrio coou-me até a medula dos ossos: senti uma repugnância invencível, e retirei a mão que lhe oferecera... Daí a alguns minutos eu era órfã; meses depois... esposa de Magalhães!...

ROBERTO
E eu ousei censurar o teu procedimento, supondo-o filho da leviandade. Mas tu me perdoas, não é assim? (*Amélia estende-lhe a mão*) Obrigado... E o que se passou depois?

AMÉLIA
Esperava, pois entre nós não podia haver amor: o passado, as nossas idéias, índole, educação e natureza repugnavam-se muito para que tal acontecesse; esperava, digo, ter no Sr. Magalhães um amigo, um protetor. Enganei-me; não há grosserias nem maus-tratos que não me tenha feito sofrer. Entretanto obriga-me a aparecer em público coberta de rendas e jóias, enfeitando-me como os sacrificadores antigos adornavam as suas vítimas. Conduz-me aos teatros, às festas, e força-me a ter o sorriso nos lábios quan-

do tenho o inferno no coração. A gente leviana, que calcula a felicidade de uma mulher pelo valor das jóias que a cobrem, reputa-me feliz! Insensatos, que não pensam que muitas vezes os maridos que assim adornam suas mulheres, curam só a vaidade, que é o seu amor-próprio que enfeitam, pouco se importando com as mártires que pelo braço arrastam aos salões dourados!

ROBERTO
Tens razão, Amélia, tens razão, e muito deves ter padecido!

AMÉLIA
Oh!... o que tenho sofrido é horrível!... O Sr. Magalhães não será talvez malvado; mas as incompatibilidades dos nossos caracteres, dos nossos sentimentos; a não-existência nessa união malfadada, já não digo de amor, mas de simpatia, explicam o que há de atroz no seu procedimento; tanto mais que lhe falta a educação que o poderia levar a esconder o sentimento de cega repulsão que me vota. Aborrece-me; sou para ele um pesado fardo que desejava ver longe dos seus ombros. Ah! tenho sido muito infeliz!... e o que sobretudo me dói, é que devo culpar meu pai das minhas desgraças!

ROBERTO
Que dizes, Amélia!... Lembra-te que ele só queria a tua felicidade! Acreditava que no casamento competia ao pai absolutamente a escolha do noivo, e que melhor marido era aquele que mais podia aumentar a fortuna do casal. Errou; mas boa era a sua

intenção! Teus sofrimentos são grandes, porém curva-te sob a mão de Deus e resigna-te!

AMÉLIA
(*assustada*)
Creio que meu marido aí vem.

ROBERTO
(*erguendo-se*)
Eu me retiro. Adeus.

### Cena IV
*Os mesmos e* MAGALHÃES

MAGALHÃES
(*de chapéu na cabeça*)
Oh! lá!... Sr. doutor, há muito não tinha a honra e o prazer de o ver!

ROBERTO
(*secamente*)
Chego há pouco do Rio de Janeiro: não admira, pois. (*a Amélia*) Minha filha, até mais ver. (*a Magalhães*) Sr. Magalhães, às suas ordens.

AMÉLIA
(*apertando-lhe a mão*)
Adeus, doutor.

MAGALHÃES
Esta casa está sempre ao seu dispor; dá-me muito prazer vindo tocar ao ferrolho.

ROBERTO
(*saindo*)
Muito obrigado. (*sai*)

## Cena V

AMÉLIA *e* MAGALHÃES

MAGALHÃES
O que veio fazer aqui este sujeito?... Sabe que não gosto dele.

AMÉLIA
Nunca mo disse: e demais, é meu amigo de infância; veio visitar-me depois de quatro anos de ausência, e pensei que não devia deixar de recebê-lo.

MAGALHÃES
Aqui não há pensar, nem meio pensar; quero que se cumpram as minhas ordens... Este homem não me há de vir mais à casa.

AMÉLIA
Mas então para que o convidou a voltar?

MAGALHÃES
Porque quis; não é de sua conta.

AMÉLIA
E quando vier o que lhe direi?

MAGALHÃES

O que quiser, contanto que ele não ponha mais os pés aqui... Porém tome sentido; não lhe vá dizer que fui eu que o exigi. Tenho muito medo daquela lingüinha!

AMÉLIA

Senhor, isto é demais!... Obrigar-me a repelir um amigo a quem estimo, e ainda em cima querer que eu tome a responsabilidade desse ato que me penaliza!

MAGALHÃES

Quero e está dito. Quem governa aqui sou eu, ouviu?

AMÉLIA

Bem, senhor; será feita a sua vontade.

MAGALHÃES

Sei, minha cara, que isto lhe há de custar. Não terá, como esperava, com quem conversar sobre o seu antigo amante.

AMÉLIA

Bem sabe que nunca tive amante.

MAGALHÃES

Namorado, ou coisa que o valha... E... também não juro.

AMÉLIA

Senhor, o que lhe fiz eu?... Não tenho sido a sua escrava a mais humilde?... Não me tenho vergado a todos os seus caprichos?... Melhor é matar-me de um só golpe do que assim às alfinetadas.

### Magalhães
Ah! ah!... a menina zanga-se?!

### Amélia
Senhor, tome cuidado!... O cordeiro pode tornar-se leão.

### Magalhães
Desejava ver isso, pois queria ter o prazer de arrancar os dentes e as unhas ao tal bichinho. Realize a ameaça.

### Amélia
Não; não a realizarei. Esqueça-se do que lhe disse, e compadeça-se de uma desgraçada que não tem por si ninguém no mundo.

### Magalhães
Com mil diabos!... Logo vi que isto dava em choradeira!... E depois há de vir um faniquito. Já estou prático nisto; mas como estas maçadas e lamúrias me aborrecem, ponho-me a andar. Porém fique entendido que, se eu encontrar aqui outra vez o tal doutor, quem me paga é você, ouviu? Quem me avisa meu amigo é. (*sai*)

## Cena VI

### Amélia
(*só, depois um criado*)

### Amélia
Ah! meu pai, meu pai! Em que mundo de dores lançaste a tua pobre filha! (*ajoelhando-se*) Dai-me, virgem santíssima, as forças necessárias para que eu possa carregar sem tropeçar a pesada cruz que me alquebra a alma.

### Criado
Minha ama, um senhor que eu não conheço insiste para falar com vosmecê.

### Amélia
Dize-lhe que estou incomodada, e que não posso recebê-lo.

### Criado
Já lho disse; mas ele teima, assegurando que tem a tratar de um negócio gravíssimo do qual depende a vida de um homem.

### Amélia
Meus Deus!... O que será?!... Fá-lo entrar. (*o criado sai*)


## Cena VII

Amélia *e* Alberto

### Amélia
Ah! creio que é o Sr. Alberto.

### Alberto
Eu mesmo, minha senhora.

#### AMÉLIA
Então, que negócio gravíssimo é esse?

#### ALBERTO
Minha senhora, o passo que dou vindo à casa de V. Exa., o motivo que a isso me obriga é, apesar de muito respeitável, tão fora das regras da sociedade, e o que tenho a dizer-lhe tão pouco de acordo com a pautada etiqueta das salas, que não ousarei falar a V. Exa. se não prometer-me primeiro ouvir-me com toda a indulgência.

#### AMÉLIA
Mas o senhor fez-se anunciar dizendo que a vida de um homem estava em perigo: se assim é, e se de alguma coisa posso servir, por que não diz já o que de mim deseja? Nestas ocasiões qualquer demora é prejudicial.

#### ALBERTO
Minha senhora, o que lhe fiz dizer é a pura verdade: do resultado da nossa conversação depende a vida de um homem; mas o perigo que ele corre não é tão iminente como pensa.

#### AMÉLIA
(*secamente*)
Pelo que vejo, foi um pretexto!

#### ALBERTO
(*oferecendo uma cadeira a Amélia*)
Não, minha senhora, já o disse a V. Exa. Escute-me, e há de compreender-me. (*sentam-se*)

#### AMÉLIA
Fale, senhor.

#### ALBERTO
Minha irmã foi a amiga mais íntima que V. Exa. teve no colégio... Recorda-se de minha irmã Júlia?

#### AMÉLIA
Sem dúvida, e com muitas saudades.

#### ALBERTO
Pois bem. Em nossa casa não a ouvimos falar senão em V. Exa.; sempre com muitos elogios; e, sem o sentir, comecei a votar à amiga de minha irmã parte da amizade que esta a ela consagrava. Encontrei-me depois em algumas reuniões com V. Exa., e essa estima transformou-se em profunda admiração.

#### AMÉLIA
(*secamente*)
Ah!

#### ALBERTO
Soube, porém, que era infeliz...

#### AMÉLIA
(*erguendo-se*)
A que respeito, senhor?

#### ALBERTO
(*erguendo-se*)
A respeito de seu marido.

### AMÉLIA
Senhor!

### ALBERTO
Perdoe... mas...

### AMÉLIA
Mudemos de assunto. O senhor escolheu um mau intróito.

### ALBERTO
Não, minha senhora; não podia deixar de dizer-lhe isto, vindo, como venho, oferecer-lhe a minha amizade, as consolações de um amigo, já que não posso ofertar-lhe o apoio que desejava.

### AMÉLIA
O senhor está louco. Sou casada, e meu marido é o único protetor que devo ter.

### ALBERTO
Um malvado que a tortura sem piedade!

### AMÉLIA
Senhor, não posso ouvi-lo por mais tempo.

### ALBERTO
Perdoe-me se a ofendi, minha senhora; perdoe o insensato que já não sabe o que faz nem o que diz. Tendo seguido passo a passo a sua vida de mulher casada, tendo quinhoado de todos os seus pesares, e sofrido todas as suas dores, mereço um pouco de compaixão. Perdoe-me.

#### ALBERTO

O mesmo fora perguntar à planta ressequida se deseja o orvalho do céu.

#### AMÉLIA

Pois bem, seremos amigos. Dê-me a sua mão. (*apertam-se as mãos*) Mas lembre-se que entre nós só amizade pode existir, e que ela não deve ser um manto sob o qual se esconda uma traição.

#### ALBERTO

Mas posso continuar a amá-la?

#### AMÉLIA

Oh! não, não!

#### ALBERTO

Então não devo aceitar esta amizade.

#### AMÉLIA

Dou-lhe tudo quanto me é possível conceder-lhe.

#### ALBERTO

Amélia!... como deixar de amar-te?

#### AMÉLIA

Senhor, sou obrigada a retirar-me; não posso mais ouvi-lo. (*vai a retirar-se*)

#### ALBERTO

Bem, minha senhora; morrerei, mas não a posso odiar. (*Amélia sai*)

## Cena VIII

ALBERTO *e* BRÁULIA; *depois* JOÃO

BRÁULIA
Tudo ouvi. Que mulher!... como resiste!... Parece que adivinha os laços que lhe armamos! Julguei a ocasião favorável para a sua declaração, por isso o mandei chamar a toda pressa; enganei-me.

ALBERTO
Ainda um lance perdido!

BRÁULIA
Talvez não de todo.

ALBERTO
Julgas que ainda posso ter esperanças?

BRÁULIA
Decerto. Mas cumpre não fraquear. Vá para casa, que daqui a pouco lhe mandarei dizer o resultado que teve esta tentativa. No seu olhar e modo espero descobrir alguma coisa.

ALBERTO
Bem; vou esperar notícias. Deus queira que mas mandes boas. (*sai*)

BRÁULIA
O combate está travado: uma de nós há de sucumbir. Há de ser ela.

JOÃO
(*entrando*)
Então, Bráulia, não vai arranjar o quarto de sinhá?

BRÁULIA
Deixe-me; não estou para o aturar.

JOÃO
(*espanando os trastes*)
Boa vida é a sua!

BRÁULIA
Por quê, estúpido?

JOÃO
Come, bebe, dorme, faz o que lhe parece... Então isso é pouco?

BRÁULIA
Para você isso pode ser muito; para mim não.

JOÃO
Então você o que quer mais?

BRÁULIA
Quero ser livre, quero ser senhora.

JOÃO
Pois me parece uma tolice! Eu antes queria ser escrava como você do que senhora como sinhá.

BRÁULIA
É porque você é um animal que não pode imaginar quanto sofro quando sou obrigada a obedecer-lhe.

JOÃO
Oh! homem! Isto acontece tão poucas vezes!... E sinhá é tão boa para todos!... E para você então não se fala. Criaram-se juntas, ensinou-lhe a escrever, a ler, empresta-lhe os seus livros...

BRÁULIA
E daí?

JOÃO
E daí!... Deve gostar dela.

BRÁULIA
Pois odeio-a.

JOÃO
(*admirado*)
Odeia-a!... E por quê?!...

BRÁULIA
Porque é minha senhora.

JOÃO
Também é minha, e nem por isso...

BRÁULIA
Enfim, não estou para suportar os teus sermões. Hoje, por fás ou por nefas, há de haver aqui uma estralada.

JOÃO
Bráulia, não se arrisque!... Veja que não pode ter vida melhor do que esta. Sinhá trata a você com

muita amizade, e aos próprios filhos de você... e ela bem sabe.

### BRÁULIA
Faz o seu dever, porque esta casa é mais deles do que dela.

### JOÃO
Não a desesperes; olha que tem sofrido de ti o que uma santa não suportaria.

### BRÁULIA
Quem não tem vergonha todo o mundo é seu.

### JOÃO
E sinhô pode se zangar...

### BRÁULIA
Não é disso que me assusto...

(*Ouve-se tocar dentro uma campainha.*)

### JOÃO
Sinhá está chamando, Bráulia.

### BRÁULIA
Pois eu não me mexo.

### AMÉLIA
(*dentro, chamando*)
Bráulia!... Bráulia!...

### BRÁULIA
Grita, grita até arrebentar.

JOÃO
Bráulia, isto é uma maldade.

AMÉLIA
(*dentro*)
Bráulia!

BRÁULIA
Arrebenta.

### Cena IX

*Os mesmos e* AMÉLIA

AMÉLIA
Bráulia, há que tempo te estou chamando!

BRÁULIA
(*arranjando os trastes, com mau modo*)
Não ouvi.

AMÉLIA
De tão perto!

BRÁULIA
(*ainda com mau modo*)
Não prestei atenção.

AMÉLIA
Pois bem, vai ver teus filhos, que entraram no meu quarto, quebraram um horror de coisas, e um deles caiu e feriu-se na testa. Quis pôr-lhe um pouco

de arnica, mas tanto esperneou que não pude com ele. Vai vê-lo, coitadinho!

### Bráulia
Agora não posso; estou arranjando a sala.

### Amélia
Já está arranjada. Vai antes tratar de teu filho.

### Bráulia
(*empurrando bruscamente uma cadeira*)
Também ninguém entende o serviço desta casa do inferno. Mal está a gente fazendo uma coisa, manda-se largar e fazer outra.

### Amélia
Mas não vejo o que tens a fazer aqui. E entretanto, os teus filhos estão lá dentro a chorar.

### Bráulia
Não hão de chorar à toa: decerto, sinhá deu neles.

### Amélia
Bem sabes que nunca lhes pus um dedo; choram porque todas as crianças são choronas. Vai acalentá-los. Desejava descansar um pouco e não posso.

### Bráulia
A sinhá anda de ponta com meus filhos, eu bem sei por quê.

AMÉLIA
(*severa*)

Bráulia, faze o que te digo! Estás afinal abusando da minha paciência.

BRÁULIA

O melhor é mandar castigar logo a mim e aos meus filhos. (*inquietação de João*)

AMÉLIA

Insolente!... retira-te!

BRÁULIA

Não saio. Esta casa não é sua; é de meu senhor, e só a ele eu obedeço.

AMÉLIA

Atrevida! João, agarra nesta mulher e leva-a daqui.

BRÁULIA

Ele, se for capaz que chegue.

JOÃO
(*irresoluto*)

Minha senhora, eu...

AMÉLIA

Tens razão. Vai chamar a teu senhor.

JOÃO
(*tendo dado alguns passos para a porta*)
Sinhô aí vem.

## Cena X

*Os mesmos e* MAGALHÃES

MAGALHÃES
Então, o que há de novo?

AMÉLIA
É esta escrava que me está insultando. Ordeno-lhe que se retire, e não quer; diz que só do senhor recebe ordens. Veja se a faz sair da minha presença; nada mais exijo.

MAGALHÃES
(*a Bráulia, com doçura*)
Então, que é isto, Bráulia!

BRÁULIA
(*chorando*)
Não sei, não senhor. É minha senhora que tem raiva de mim à toa, e anda a todo instante buscando brigas comigo.

AMÉLIA
(*a Bráulia*)
Ousas mentir assim!...

MAGALHÃES
(*a Amélia*)
Senhora, sei o que tudo isto significa: são os seus ciúmes tolos que põem a minha casa em alarma. (*a Bráulia, que continua a chorar*) Está bem, Bráulia, sossega: ninguém te há de fazer mal.

AMÉLIA
Senhor, isto é uma indignidade!... Eu com ciúmes!

MAGALHÃES
Sim, senhora, repito, são os seus ciúmes tolos a causa de tudo isto, assim como o mau gênio que de seu pai herdou.

AMÉLIA
Então dá-lhe razão?

MAGALHÃES
Dou-lha, porque a tem. E desde já proíbo a senhora de meter-se com a vida de Bráulia: ela há de viver aqui sossegada.

BRÁULIA
(*soluçando*)
Meu senhor, eu quero ir-me embora; me venda. Sinhá tem-me raiva, e quando o senhor não estiver em casa, eu é que hei de pagar.

AMÉLIA
Insolente!

MAGALHÃES
Basta, senhora; queira comedir os seus furores; Bráulia, vai para dentro; não chores mais; eu te asseguro que ninguém... (*acentuando as palavras*) ninguém, ouves?... terá o atrevimento de intrometer-se contigo. (*Bráulia sai chorando. João a acompanha*)

### Cena XI

MAGALHÃES *e* AMÉLIA

AMÉLIA
Senhor, isto é uma infâmia! Sabe perfeitamente que nenhuma mulher teria suportado a metade do que eu tenho sofrido... Porém isto agora é demais! Podia fechar os olhos às suas fraquezas; mas não devo por mais tempo consentir que os meus brios e a minha dignidade de dona de casa sejam assim ultrajados.

MAGALHÃES
Há de acostumar-se.

AMÉLIA
Engana-se, senhor. Apossou-se da minha mão e da minha fortuna, e em compensação tem-me horrivelmente maltratado. Mas reflita que a taça está cheia e que mais uma só gota a fará transbordar. Veja, já não choro!

MAGALHÃES
Ousa ameaçar-me!

AMÉLIA
Não o ameaço, previno-o.

### Cena XII

*Os mesmos e* BRÁULIA (*com uma criança ao colo*)

BRÁULIA
(*aos pés de Magalhães, banhada em pranto*)
Meu senhor, por Nosso Senhor Jesus Cristo, venda-me, tire-me deste inferno. Veja como sinhá maltratou esta criança... como está cheia de sangue!... É de pancadas que lhe deu, meu senhor.

AMÉLIA
Mentes! Esta criança caiu e feriu-se: todos o podem dizer. (*caminhando para Bráulia*) És uma ingrata, uma caluniadora!

BRÁULIA
(*fingindo-se medrosa e agarrando-se a Magalhães*)
Meu senhor me acuda.

MAGALHÃES
(*segurando Amélia pelos pulsos*)
A senhora é uma malvada! (*torce-lhe os braços e atira-a sobre uma cadeira*) Vamos, Bráulia; deixa esta onça. (*saem*)

## Cena XIII

AMÉLIA *só e depois* ALBERTO

AMÉLIA
(*erguendo-se*)
É demais! (*corre à janela como para atirar-se; mas estaca de repente*) Alberto!... Não me hei de matar... (*acena com o lenço*) Assim ao menos me vingarei. (*sai por uma das portas laterais*)

#### Alberto
(*entrando*)
Que novidades teremos?!

#### Amélia
(*voltando de xale*)
Esse homem a quem o destino me ligou, rompeu o último fio que a ele me prendia. Alberto, és forte bastante para amparar uma mulher que a ti se entrega, rompendo de uma vez com a sociedade?

#### Alberto
Oh!... sim, eu to juro!

#### Amélia
Então partamos.

#### Alberto
Por onde?... Podemos ser encontrados.

#### Amélia
Que importa? Desejo sair de cabeça erguida, à vista de todos: não é uma mulher que deixa seu marido: é uma vítima que foge do seu algoz. Partamos!

FIM DO ATO SEGUNDO

## ATO TERCEIRO

(*O teatro representa a sala de um* restaurant *próximo do teatro de S. Pedro. Grande número de mascarados convenientemente distribuídos. Entre eles figuram Alfredo, Leopoldo, Rosinha e Joaninha. O primeiro calça botas de montar que lhe vão acima do joelho, calças de meia; traz um xale amarrado à cinta, com compridas pontas, camisa de meia de riscado sem mangas, luvas de canhão, capacete romano com penacho formado por uma tripa coberta de fitas; nariz postiço. O segundo de sapatos de baile, calça larga chegando até o joelho, traz uma couraça e um chapéu ornado de três grinaldas de flores. Joaninha e Rosinha acompanham a Leopoldo e Alfredo, vestidas de Pierrô e Titi. Ao levantar-se o pano, ouve-se a orquestra tocar ao longe a última marcha de uma quadrilha.*)

## Cena I

JOANINHA, ROSINHA, ALFREDO e LEOPOLDO

LEOPOLDO
(*sentando-se em torno de uma mesa*)
Uff! já não tenho pernas.

JOANINHA
Estou morrendo de sede.

ALFREDO
Oh! Joaninha, és a mais encantadora rapariga do orbe cristão e muçulmano!... E nunca Odalisca em frente de um sultão indolente e aborrecido fez passos mais corretos e graciosos do que tu, Terpsícore...

JOANINHA
Obrigada. Porém manda vir alguma coisa de mais positivo.

ALFREDO
(*baixo a Leopoldo*)
Tens ainda dinheiro?

LEOPOLDO
(*o mesmo*)
Nem vintém.

ALFREDO
Oh! Joaninha, o meu entusiasmo não conhece limites – e juro-te pela pança venerável do velho Sileno que te hei de fazer um ditirambo.

#### JOANINHA
Prefiro um copo de champanhe.

#### ROSINHA
E eu um de cerveja.

#### ALFREDO
Champanhe, Joaninha, só bebem os tolos, que querem ter espírito artificial. A cerveja, Rosinha, é uma bebida pesada; a mãe de todas as extravagâncias maçantes que nos vêm da Alemanha; por exemplo: da filosofia de Hegel, da química orgânica, *proh*! *pudor*! Joaninha!... *proh*! *pudor*! Rosinha!...

#### ROSINHA
Meu caro, o camaleão vive de ar; mas nós não bebemos palavras.

#### ALFREDO
Logo...

#### ROSINHA
Logo, mandem vir alguma coisa.

#### LEOPOLDO
A conclusão não está nas premissas, Joaninha: cometes um erro de lógica.

#### ALFREDO
*(apontando para um dominó que passeia de braço com um homem de casaca)*
Olhem, ali vem Delfina pelo braço de seu banqueiro. (*ao dominó*) Oh! Delfina, despede esse finan-

ceiro: ganharás menos e te divertirás mais; um dia não são dias.

LEOPOLDO
(*ao dominó*)
Se continuas a aturá-lo, ficas insípida como um algarismo. As manhas pegam; e o teu par é uma conta de multiplicar ambulante.

O HOMEM DE CASACA
(*saindo arrebatado com o dominó*)
Insolentes!... (*risadas*)

ROSINHA
Meus senhores, deixem-se de parola; temos sede, entendem?

ALFREDO
Sim, meus cordeirinhos, perfeitamente.
(*a um criado*) Rapaz, traz água e palitos.

JOANINHA
(*zangada*)
Rosinha, estão zombando de nós.

ALFREDO
De modo algum, ninfas vaporosas... Mas reflitam que desde que o mundo é mundo a água é o melhor agente que há para combater a sede. Além disto, esse composto de hidrogênio e oxigênio – $H_2O$ –, como diz o meu lente de química, é a bebida mais tônica, analética e refrigerante...

ROSINHA
Pois eu até tenho medo dela. Meu pai e minha mãe morreram hidrópicos.

ALFREDO
(*com fingida compunção*)
Tristíssima recordação! que me faz vir as lágrimas aos olhos!... (*finge que enxuga uma lágrima*)

JOANINHA
Meu caro, decididamente estás transformado em chafariz: só nos dás água.

ALFREDO
(*em tom compungido*)
A água, melhor das bebidas; tônica, analética!...

ROSINHA
E refrigerante, já sabemos. (*levantando-se*) Decidam: pagam ou não pagam alguma coisa? Se não pagam, é dizer, porque batemos à outra porta.

LEOPOLDO
(*segurando Rosinha pela mão*)
Tem compaixão! Bem quiséramos fazer-vos nadar, ó entes ultrapoéticos! em um mar de champanhe, mas...

JOANINHA
Mas... o quê?

ALFREDO
(*erguendo-se e tirando o capacete*)
A firma social Alfredo, Leopoldo & C., cujos sócios comanditários plantam café a vinte léguas da

corte, e negam-se a fazer novas entradas, já reduziu todos os seus fundos a uma infinidade de bolinhos e copinhos de toda a espécie, que, com uma ingenuidade só comparável à destreza, tendes absorvido durante a noite.

ROSINHA
E agora?

ALFREDO
Agora... *Horresco referens*!... Horrível de se dizer!... agora, meu anjo, falta-nos completamente uma coisa mesquinha, miserável, sem valor aos olhos das grandes almas, dos poetas e dos filósofos: – O ouro e a prata!... esses metais fugiram das nossas algibeiras sem deixar vestígios!

JOANINHA
(*querendo retirar-se*)
Pois, meus senhores, até mais ver.

LEOPOLDO
Ó almas puras e caridosas, não abandoneis assim, no meio deste turbilhão, dois pobres órfãos inocentes. (*segurando a mão de Rosinha*)

ROSINHA
Não somos irmãs da caridade.

ALFREDO
(*a Joaninha, tomando-lhe a mão*)
Espere, ingênua menina; ouve-me pela última vez. Cursamos o terceiro ano de medicina; em breve

estaremos formados, e com uma grande clínica; e juro-te, pela primeira bebedeira que tomou nosso avô Noé, que te darei dez pipas de champanhe.

JOANINHA
Prefiro uma garrafa agora... Adeus.

ALFREDO
Não te vás, mulher sem coração... (*olhando para o fundo do teatro, descobre Frederico*) Oh!... uma vela no horizonte!... Estamos salvos!... (*atira-se aos braços de Frederico, que entra*) Deixa-me abraçar-te, ó grande Frederico, pois agora me pareces maior do que o teu xará da Prússia!

FREDERICO
O que significa isto?

ALFREDO
Conheces o quadro de Gericault – *O náufrago da Medusa*?

FREDERICO
Não.

ALFREDO
Nem eu; mas é o mesmo. Imagina o que devia ser esse naufrágio: e, menos a jangada, o mar, os tubarões, o perigo, os trapos, a forma, a palidez e os assassinatos, tens ante teus olhos um painel tão doloroso como aquele.

FREDERICO
Não te entendo.

#### ALFREDO
Pois nada há mais claro. Não vês Rosinha e Joaninha como estão tristes?

#### FREDERICO
E daí?

#### ALFREDO
Têm sede as pobres inocentes.

#### FREDERICO
Pois que bebam.

#### ALFREDO
A reflexão é justa, ó grande Frederico!... Mas elas pretendem que a água é contrária às suas naturezas; e eu não tenho real.

#### FREDERICO
Rapaz, serve a estes senhores do que quiserem.

#### TODOS
Bravo, Frederico!...

#### UM PIERRÔ
*(chegando-se)*
Eu também sou da festa. (*sentam-se todos em torno de uma mesa, exceto Frederico, que toma lugar em distância do grupo e fica pensativo*) Rapaz, champanhe Cliquot. Sei que não há na casa, mas pouco importa: faço de conta, e assim ajudo a me enganarem.

ROSINHA
É mau gosto a gente iludir-se a si próprio.

ALFREDO
Sei que preferes enganar os outros.

JOANINHA
Por que não imita o seu amigo, o Sr. Frederico? Seja delicado como ele...

ALFREDO
(*rindo-se*)
Ah! ah! ah!... Frederico, ouviste o cumprimento que te fez Joaninha?... Sentiste o olhar de fogo que te lançou?

FREDERICO
Não.

ALFREDO
Pois perdeste um bonito lance. Ah! ah! ah!... só esta me faria rir.

JOANINHA
De que se ri?!

ALFREDO
De ti, ninfa adorada.

JOANINHA
Por quê?

#### Alfredo
Porque perdes os teus cumprimentos. Frederico já dissecou a mais de uma companheira tua e reconheceu que os vossos corações são... (*ao pierrô*) O quê, Fernandes?

#### Pierrô
Ora... um músculo oco.

#### Alfredo
Pateta!... isto está em todos os livros de anatomia. O quê, Leopoldo?

#### Leopoldo
Uma moeda de cobre falsificada.

#### Alfredo
Não atinaram. O coração destas senhoras é uma seringa de borracha com dois bicos: quando por um entra ouro, por outro esguicha amor, e sempre na razão direta da massa que entra.

### Cena II

*Os mesmos e* Revolta

#### Revolta
(*seguida de Magalhães, mas sem lhe dar o braço. Aparece trajando um saiote preto lustrado de encarnado; boné frígio, meia couraça e com o rosto coberto por uma meia máscara; traz à cinta duas pistolas. Chegando sem ser vista, bate no ombro de Alfredo.*)

Enganas-te, Alfredo: é muitas vezes a capa de um livro cujas folhas um homem rompeu sem ter lido.

Todos
Revolta! (*Revolta vai a sair: Frederico levanta-se e quer tomar-lhe a mão; ela, porém, foge com a sua, sai sem prestar-lhe atenção, seguida sempre por Magalhães*)

Frederico
(*voltando-se triste, à meia voz*)
Cruel!

## Cena III

*Os mesmos, menos* Revolta

Alfredo
Como te ia dizendo, Joaninha, Frederico não é um inocente cafezista; e sabe que os teus olhares ardentes, que as tuas frases lisonjeiras não são dirigidas a ele, e sim a umas medalhas que possui: não é porque seja apaixonada de numismática, Deus me livre de fazer-te essa injustiça; não é porque fossem achadas em uma escavação de Pompéia, nem por serem um primor d'arte…

Joaninha
Ora… acabe com isto… Por que é?

Alfredo
Porque são de ouro.

Todos
Apoiado.

JOANINHA

Eu logo vi que ias dizer uma sandice misturada com atrevimento. Palavra de honra!... estás ficando tolo.

LEOPOLDO
(*gritando*)
Venha o champanhe. Há mais de uma hora que o esperamos!

TODOS
(*menos Frederico*)
Venha o champanhe!...

JOANINHA

Silêncio, grulhas!... Peço a palavra para responder a Alfredo.

ALFREDO

Ordem!... ordem!

JOANINHA

Alfredo acaba de dizer claramente que o Sr. Frederico nos despreza, porque conhece o pouco que valemos. Pois sustento que este senhor ama a alguém que vale tanto como nós. (*a Frederico*) Peço que diga se é, ou não, verdade o que avanço.

FREDERICO
(*erguendo-se, a Joaninha*)
Permite que eu fale com franqueza?

JOANINHA

É o que lhe peço.

FREDERICO
(*a Joaninha e a Rosinha*)
Desculpar-me-ão se nas minhas palavras houver alguma coisa que as possa ofender?

JOANINHA
Desculpamos.

ALFREDO
(*a Frederico*)
Pagas o champanhe, e pedes desculpa! Estás te enferrujando, meu caro!

FREDERICO
Pois bem, é falso: eu não amo a uma mulher como vós outras, minhas filhas.

JOANINHA
Como?!... Não amas a Revolta?!

FREDERICO
Amo-a, é verdade, e como nunca amei!

TODOS
Oh! oh!...

FREDERICO
Escutem-me. Revolta não é uma mulher vulgar; entre ela e vós, há uma distância imensa! Será Satanás; mas Santanás é um anjo decaído, e foi o primeiro dos anjos. Em sua alma há alguma coisa que ainda vive... ódio ou amor... quem sabe! nas vossas só há cinzas. Ela caiu no fundo do abismo, mas caiu de alturas as mais elevadas; e só uma mão de ferro a

pôde impelir. Eis por que afirmei que não amava uma mulher como tu, Joaninha, como tu, Rosinha, como as vossas loucas companheiras. Desculpai-me.

ALFREDO

Não tem de quê. Entre Revolta e estas meninas, prendas da minha alma, há a mesma distância que do sol à terra: – 38 milhões de léguas: elas o reconhecem. (*o criado traz garrafas de champanhe*) Felizmente, aqui está o champanhe. Abre isto, rapaz, de modo que estoure. (*o criado serve de champanhe a todos*) Bebo à saúde de Revolta, declarando ao mesmo tempo que aprecio mais a Joaninha, a Rosinha e concomitante caterva. Como Geoffroy de Saint-Hilaire, entreguei-me ao estudo dos monstros, com especialidade dos acardíacos, isto é, meninas, dos que não têm coração.

FREDERICO
(*de pé*)

Viva Revolta!

TODOS

Viva!... viva!

## Cena IV

*Os mesmos e* REVOLTA

REVOLTA
(*entrando*)

Obrigada, meu povo, mil vezes obrigada. Em sinal da minha gratidão, convido a todos para se acharem aqui à meia-noite. Pago a ceia.

LEOPOLDO
Falas melhor do que Cícero!... Em nome de todos – aceito.

TODOS
Apoiado!... Apoiado!...

ALFREDO
Agora, ao baile! Quero mostrar-lhes um passo da minha invenção que estudei durante quinze dias, faltando para isso a duas sabatinas. Chama-se *O diabo apaixonado*. Ao baile!

TODOS
(*menos Revolta e Frederico*)
Ao baile. (*saem*)

**Cena V**

REVOLTA, MAGALHÃES *e* FREDERICO (*que se conserva sentado a uma mesa*)

MAGALHÃES
(*entrando, a Revolta*)
Com os diabos! Afinal encontrei-a!
Já pensava que lhe tinha perdido a pista. Estou morto por conhecer o seu nome, pois a sua conversação por escrito me tem excitado a curiosidade... (*Revolta escreve rapidamente algumas palavras em uma das folhas de sua carteira*) tanto mais que seria uma tolice ter-me escrito para que eu viesse a este baile se me não quisesses mostrar o focinho... Mas

por que diabo não fala?!... A senhora está muda?! (*recebendo o papel que lhe dá Revolta*) Vejamos. (*lê*) "À meia-noite venha a esta sala; ceando comigo e alguns amigos, saberá quem sou. Aceita?" (*a Revolta*) Boa dúvida!... Não faltarei. Mas creio que... (*Revolta faz-lhe sinal que se retire*) Que mulher esquisita! Mas não há remédio senão estar pelo que ela quer. (*sai*)

### Cena VI

REVOLTA *e* FREDERICO *e depois* LEOPOLDO

REVOLTA
(*tirando a máscara*)
Que asco me causa a presença deste homem! (*Frederico aproxima-se de Revolta, sem que ela o pressinta, e toca-lhe de leve no ombro*) Ah!

FREDERICO
Em que pensas Revolta? Em teus amantes de ontem, nos de hoje, ou nos d'amanhã?

REVOLTA
Bem sabes que não me preocupo com essa tribo de levitas que queima incenso ante o meu altar.

FREDERICO
Então, é verdade que a ninguém amas?

REVOLTA
A ninguém.

FREDERICO
E aos teus adoradores?

REVOLTA
Aturo-os com paciência nos dias de bom humor.

FREDERICO
E nos outros?

REVOLTA
Desprezo-os.

FREDERICO
Por quê?

REVOLTA
Porque dou a César o que é de César.

FREDERICO
Mas é pagar mal o amor que te consagram.

REVOLTA
(*erguendo-se com exaltação*)
Amor!... Não profanes esta palavra, Frederico. Acaso sabem os homens o que ela significa? (*com rancor*) Os homens!... os homens!... Raça miserável e corrupta, argila imunda amassada com fel e egoísmo!...

FREDERICO
Revolta!

Revolta
(*com exaltação*)

Não protestes, Frederico, que eu te farei calar, apontando-te para a sorte de quase todas estas virgens castas e puras que a vontade paterna, o amor ou as necessidades sociais, têm obrigado a confundir o perfume de sua alma com o lodo do coração dos homens. Sabes como procedem esses entes vis e pequeninos que, sem trepidar ante a imensa responsabilidade que sobre si assumem, recebem de um pai ou de uma mãe, em frente do altar de Deus, um anjo ainda transbordando de harmonias celestes? Dia por dia, hora por hora, o miserável desfolha, uma após outra, todas as ilusões, todas as esperanças dessa alma nova que tão cegamente lhe fora confiada. A desgraçada geme, luta, suplica; o ignóbil arquiteto de ruínas não pára!... E ai! dela se Deus em sua infinita misericórdia não lhe tiver concedido a maternidade que a salva: só lhe resta tornar-se um manequim passivo ou uma mulher perdida. O bárbaro faz do anel de noivado o primeiro elo de uma cadeia que a prende à desgraça; e se, em um dia de desespero, ela se revolta e a faz em pedaços, a sociedade a despreza e insulta! Abrem-se ante nossos passos apenas duas sendas: a primeira, inundada de lágrimas, é representada pela submissão do cão que lambe a mão que o castiga, e leva a mulher à insensibilidade do cadáver que não cora quando o esbofeteiam; a segunda, ornada de sorrisos, de falsa e tresloucada alegria, mas calçada de espinhos, é a da prostituição. Tenho, ou não, razão, Frederico?

FREDERICO

Não; enganas-te. Desgraçadamente há fatos que justificam o que acabas de dizer; mas eles constituem um mínimo insignificante. Vês os homens através de um prisma que torturas e decepções puseram naturalmente ante teus olhos. Foste vítima.

REVOLTA

Quem to disse?

FREDERICO

Acabas de mo dar a entender.

REVOLTA

(*deixando o tom exaltado, sentando-se e rindo*)

Ah! ah! ah! Deste peso às extravagâncias que disse?! Tudo isso nada significa! Vontade de fazer um discurso, eis aí tudo. Não faças caso, meu pobre Frederico. Tenho, às vezes, desses acessos de eloqüência sentimental; desculpa-me a maçada; dá-me um charuto e voltemos a uma conversação própria de nós ambos e do lugar. Que me querias dizer?

FREDERICO

Que te amo.

REVOLTA

(*rindo-se*)

Ah! ah! ah!... que tolice!

FREDERICO

Magoa-me, Revolta.

### Revolta

Desculpa. Mas quem te obriga, cego de nascença, a falar em cores?!

### Frederico

Ri-te, mas ouve-me. Amo-te a ponto de esquecer por ti a razão e a própria honra. Não é decerto um desses sentimentos que sabem inspirar as meninas inocentes em cujos olhos se reflete o céu; não é o amor que se traduz por um vago cismar, por uma doce melancolia, por suspiros soltos à brisa, e que se contenta com um aperto de mãos às furtadelas. Não: o que eu sinto em nada se assemelha a isso; é a paixão com todos os ardores, com toda a chama do inferno, e que só se satisfaz com a posse completa e absoluta; é o amor que se traduz por imprecações do desespero, e que torna um homem forte, digno e honrado, um cobarde, um infame.

### Revolta
(*negligentemente*)

És rico?

### Frederico

Bastante para durante dois anos satisfazer todos os teus caprichos.

### Revolta

E depois destes dois anos, o que te restará?

### Frederico

Algum dinheiro; quanto baste para comprar uma carga de pólvora e um pedaço de chumbo: o suicídio.

REVOLTA

Ah!

FREDERICO

Aceitas o meu amor, Revolta?

REVOLTA
(*com negligência*)

Aceito.

FREDERICO
(*com transporte, beijando-lhe a mão, que ela abandona friamente*)

Mil graças!... mil graças... Ao sair do baile, virás comigo?

REVOLTA
(*friamente*)

Sim.

FREDERICO

Ainda uma vez, obrigado. Vou, pois, escrever a minha mãe, para que não espere por mim. Não me verá tão cedo... Pobre velha! (*escreve na carteira*)

REVOLTA

Ainda tens mãe?

FREDERICO
(*escrevendo*)

Ainda.

REVOLTA

Ama-te ela?

#### FREDERICO
Muito.

#### REVOLTA
Isto seria demais! (*alto*) Frederico.

#### FREDERICO
O que queres?

#### REVOLTA
Dá-me este bilhete.

#### FREDERICO
Por quê?

#### REVOLTA
Dá-mo.

#### FREDERICO
Toma-o. (*dá-lhe o bilhete, que ela faz em pedaços*) Que fazes?

#### REVOLTA
Salvo-te.

#### FREDERICO
Não entendo.

#### REVOLTA
Rejeito o teu amor; tudo entre nós está acabado.

#### FREDERICO
Mas…

REVOLTA
(*com exaltação*)
Não é por ti, que vales tão pouco como os outros; é por tua mãe, pela pobre velha, que choraria sobre a tua desonra e morreria sobre o teu cadáver.

FREDERICO
(*indo a ajoelhar-se*)
Tem compaixão!

REVOLTA
(*repelindo-o*)
Nunca.

FREDERICO
Ah! mulher sem coração, sejas maldita!... (*sai*)

REVOLTA
Tua mãe, se soubesse, me abençoaria.

LEOPOLDO
(*a Revolta, que vai a sair*)
Então, retiras-te?!... E a nossa ceia?

REVOLTA
Ainda não é meia-noite.

LEOPOLDO
Pouco falta.

REVOLTA
Já volto. (*sai por uma das portas do fundo, enquanto, por uma outra, entram Joaninha, Rosinha,*

*Alfredo, Fernandes, um mascarado e Magalhães. Os criados do* restaurant *arranjam uma mesa para a ceia)*

### Cena VII

Leopoldo, Joaninha, Alfredo, Rosinha, Fernandes, Magalhães *e um mascarado*

ALFREDO
Faltam cinco minutos para meia-noite. Somos pontuais como um negociante que esconde uma quebra iminente!... Mas onde está Revolta?

LEOPOLDO
Não tarda; e a mesa já se está ali arranjando.

ALFREDO
Boa nova.

MAGALHÃES
(*a Alfredo*)
O senhor faz-me um favor?

ALFREDO
O que quer, meu caro?

MAGALHÃES
Fui convidado pela Sra. Revolta para cear.

ALFREDO
E nós também. Adiante.

#### Magalhães
Mas... desculpe a indiscrição. Sou recém-chegado à corte, não conheço essa senhora, e desejava sobretudo saber – quem paga?

#### Alfredo
Boa dúvida!... é ela.

#### Magalhães
Então é alguma viúva rica?

#### Alfredo
Não; é coisa melhor: tosqueia carneiros, profissão das mais rendosas; e como V. S. tem todos os traços de pertencer à interessante família dos ruminantes, gênero *ovis aries de Linneo*, aconselho que tome cuidado com o pêlo. Que horas são? (*Magalhães mostra-lhe o relógio*) Meus senhores, a hora fatídica, terrível, assustadora, em que os espectros no cemitério dançam ao clarão da lua uma valsa endemoninhada, não tarda a soar e Revolta não aparece; prometo, pois, uma gratificação a quem a descobrir.

#### Rosinha
(*baixo a Joaninha*)
É para se fazer desejada.

#### Joaninha
(*a Rosinha*)
Não devíamos ter aceitado o convite.

#### Rosinha
Por quê?

#### Joaninha
Porque quando Revolta está presente, os homens só dela fazem caso. Fortes estúpidos!

#### Rosinha
É porque os depena melhor do que nós.

#### Alfredo
Meia-noite! Oh! Revolta da minha alma, onde estás?

#### Revolta
(*de braço com Roberto*)
Presente.


## Cena VIII

*Os mesmos*, Revolta *mascarada e* Roberto

#### Todos
Bravo!... viva!

#### Revolta
(*procurando Magalhães com os olhos*)
Creio que estão todos aqui.

#### Alfredo
Creio que sim.

#### Revolta
Então, à mesa!

TODOS
(*menos Roberto e Revolta*)
À mesa (*correm a tomar lugares à mesa*)

REVOLTA
(*de parte a Roberto*)
Sr. doutor, escrevi-lhe para que aqui viesse, dizendo-lhe que uma mulher desgraçada precisava falar-lhe. Veio, agora demore-se mais um pouco até que chegue o momento em que lhe devo pedir um imenso favor.

ROBERTO
Porém...

REVOLTA
Compreendo-o, e acho muito justos os seus escrúpulos: esta não é a companhia que convém aos homens do seu caráter. Mas não tome parte na ceia; sente-se àquela mesa, distante de nós. Bem sei que deve partir amanhã para Pernambuco, e se eu perder esta ocasião de falar-lhe, não terei outra. Por compaixão, demore-se.

ROBERTO
Obedeço. (*com curiosidade, olhando para Revolta de alto a baixo*) Que suspeitas, meu Deus!... Será possível. (*afasta-se e assenta-se, enquanto Revolta toma assento à cabeceira da mesa com os convidados, que já se acham acomodados em seus lugares*)

ALFREDO
(*empunhando um copo de champanhe*)
Bebo à loucura, ao prazer, ao espírito, à graça, à beleza, à rainha do Carnaval, à tua saúde, Revolta.

TODOS
(*menos Revolta e Roberto*)
À mesma!

ALFREDO
Com *hips* e *hurras*.

TODOS
(*menos Revolta e Roberto*)
*Hip, hip, hip... hurra!* etc.

REVOLTA
Mil vezes obrigada. Proponho também uma saúde. (*empunhando um copo*) Aos homens de bom gosto que roubam às mulheres e às filhas para gastarem conosco!...

ALFREDO
Por outra: à tolice, à vaidade!... *Buquete, buquete...*

TODOS
(*menos Revolta e Roberto*)
*Banguê!*

ALFREDO
(*a João da Silva que passa de braço com um dominó*)
João da Silva, bebemos à tua saúde: agradece, incivil.

João da Silva
(*aproximando-se*)
Obrigado. Porém peço licença para fazer um brinde em resposta. (*Alfredo enche-lhe um copo de champanhe*) Àqueles que compram com suspiros e lágrimas aquilo que compramos com ouro; que aparecem quando nos retiramos; que gozam quando estamos saciados; àqueles, enfim, que seduzem as nossas amantes, que sem eles nos seriam fiéis como as nossas mulheres, o que se tornaria excessivamente monótono. À tua saúde, Alfredo, à tua, Leopoldo, à dos teus companheiros!

Revolta
Bravo, João da Silva! Esta saúde e a tua empresa, que, enriquecendo-te, empobreceu os acionistas, provam que és homem de espírito. Vem cear conosco.

João da Silva
Não pode ser; estou ouvindo em confissão esta inocente. Diverti-vos, meus filhos. (*continua a passear pela sala*)

Magalhães
D. Revolta, parece que já era tempo de tirar a máscara.

Revolta
Ainda é cedo.

Magalhães
Queria ao menos saber quem foi o padrinho que lhe deu esse nome esquisito de *Revolta*.

###### Revolta
O mundo!

###### Magalhães
E por quê?

###### Revolta
É a minha história.

###### Magalhães
Conte-a, pois.

###### Revolta
É longa e fastidiosa. Receio aborrecê-los.

###### Magalhães
(*à parte*)
Senhor... eu já ouvi esta voz.

###### Leopoldo
Este dominó teve uma boa idéia, o que creio não lhe acontecerá todos os dias. Conta-nos a tua história, Revolta. Não sei por quê, parece-me que há de ser misteriosa como um romance de Ratcliff.

###### Revolta
Contá-la-ei. Mas primeiramente desejo saber quem me acompanhará à casa.

###### Todos os homens
(*exceto Roberto*)
Eu!... Eu!...

REVOLTA
Será quem pagar a ceia.

JOÃO DA SILVA
(*voltando-se*)
Então serei eu.

REVOLTA
Aceito. Vir-me-ás buscar daqui a meia hora.

JOÃO DA SILVA
Daqui a meia hora. Bem. (*sai com o seu par*)

## Cena IX

*Os mesmos menos* JOÃO DA SILVA

MAGALHÃES
Agora vamos à história.

REVOLTA
Com uma condição... A minha história, já o disse, é longa e fastidiosa; receio, pois, que ao concluí-la já não tenha ouvintes: exijo, portanto, que prometam-me não se retirarem, nem permitirem que ninguém se retire antes de ela terminada: é uma questão de amor-próprio.

MAGALHÃES
(*à parte*)
Decididamente conheço esta voz.

LEOPOLDO

Juramos.

REVOLTA

Então ouçam-me. Há dez anos era eu uma rapariga rica, e, a dar-se crédito ao que se dizia, formosa e inteligente; tinha um pai que me estimava, e um parente a quem amava e por quem era amada. Um indivíduo que queria enriquecer depressa uniu-se a um velho parasita da nossa mesa, e tanto fizeram que o homem que meu coração escolhera para esposo foi morrer em longínquas terras; e eu, forçada por meu pai, tive de fazer a fortuna do ambicioso pretendente. (*inquietação de Magalhães*) Nessa época não sondara eu ainda a alma desse homem; não sabia, pois, que de mazelas escondia por baixo da sua casca grossa; esperei por isso poder estimá-lo, já que o não podia amar, e gozar dessa felicidade plácida, ou antes resignada, que é a partilha de tantas mulheres. Mas o miserável, apenas se achou de posse da minha pessoa, não continuou mais a fingir: a própria máscara da honradez incomodando-o, como ao obreiro os trajos domingueiros, logo que chegava à casa a arrancava, patenteando-se em toda a sua hediondez. Encheu-me de maus-tratos; amancebou-se com uma escrava minha! (*movimento de Magalhães*) E desde o insulto até a pancada brutal do carroceiro, tudo sofri.

LEOPOLDO

Que tratante!

REVOLTA

Nesse tempo um homem requestava-me; tinha eu, porém, os mais sãos princípios, e por pouco que meu marido me estendesse a mão, não faltaria aos meus deveres. Mas ele só parecia querer acender em mim o desejo de libertar-me do jugo atroz a que estava sujeita; e as coisas chegaram a tal ponto, que não tive outro recurso senão fugir de casa. (*Magalhães ergue-se para sair. Levantam-se todos*)

### ALFREDO
(*impedindo-o*)
Nada, meu caro; há de ficar até o fim. Lembre-se do que prometemos.

### LEOPOLDO
Fugiste só?

### REVOLTA
Não; acompanhei um homem que jurara amar-me e proteger-me sempre. Com ele deixei Pernambuco, com ele vim para o Rio de Janeiro. Era um espírito leviano, coberto de lantejoulas, mas completamente oco! Apesar disso, amei-o, porque nessa idade dos vinte anos o coração tem sede de amor; amei-o, porque ao lado de meu marido todo e qualquer homem merecia a preferência; amei-o, enfim, mesmo em razão do sacrifício que lhe fizera. Ele, porém, em pouco tempo esfriou. Reconheci então que fora apenas o desejo de possuir-me, unido sobretudo à idéia de partilhar o que me pudesse tocar da fortuna de meu marido, o que o levara a seduzir-me. Mas meu marido quebrara de modo a ficar rico, e não dar-me um óbolo: e o meu sedutor de mim estava saciado!

#### Leopoldo
Por que não o abandonaste?

#### Revolta
Por quê?... Porque era o único afeto que eu tinha em meu coração, o único fio que me prendia à vida!... E demais, a mulher que se sente cair agarra-se ao gume de um punhal, ainda que este lhe dilacere as carnes. Suportei, portanto, os seus desdéns com inabalável paciência; achava mesmo mil razões para desculpá-lo, e esforçava-me para crer que ele amava-me ainda. Um dia, porém, soube que ia casar-se com uma menina rica manchada por uma falta. Fiquei como louca, e tive a cobardia de lançar-me a seus pés, pedindo-lhe com lágrimas de sangue que não me abandonasse; cometi mesmo a baixeza de procurar sua noiva e de contar-lhe tudo: nem um, nem outro se compadeceu de mim. Achei-me, pois, só no mundo, pobre, abandonada, sem ter uma pessoa que por mim se interessasse.

#### Roberto
(*à meia voz*)

Desgraçada!

#### Revolta
Quis tirar partido dos meus talentos; repeliram-me porque eu fugira de meu marido; quis ser criada, as amas acharam-me formosa demais! A miséria bateu-me à porta. Um dia... não havia pão em casa; um homem entrou e ofereceu-me ouro, indignada expulsei-o. Envolvi-me em uma mantilha, postei-me à porta de uma igreja e... e pedi esmola para matar a fome!

JOANINHA
Pediste esmola, Revolta?

REVOLTA
(*com exaltação sempre crescente*)
Sim!... Mas deixa-me continuar. Daí a pouco um carro parava junto a mim, salpicando-me de lama. Dele apearam-se meu antigo amante e sua mulher. Esta reconheceu-me, pois eu fizera um movimento involuntário que deixou ver meu rosto, e com uma gargalhada, disse a seu marido: – Olha, ali está a tua amante pedindo esmolas. Atira-lhe com dois vinténs. Um grupo de gamenhos que a cortejavam, sorriram-se, e ele, subjugado pelo olhar imperioso da mulher, atirou-me com uma moeda de cobre! A cruel continuou: – Meus senhores, sejam generosos, imitem a meu marido. E esses levianos, sem se importarem com as lágrimas que me borbulhavam nos olhos, com o rubor que a vergonha me fazia subir às faces, obedeceram. Era demais!... Revoltei-me contra essa sociedade que me repelia e insultava, e jurei vingar-me dos homens. Vendo por toda a parte a infâmia respeitada, a desgraça oprimida, os crimes galardoados, as faltas barbaramente castigadas, compreendi que com as minhas idéias fazia no mundo um papel ridículo: não pedi mais esmolas; vendi-me!

ROBERTO
(*à meia voz*)
Infeliz!

REVOLTA
Em breve tornei-me a leoa do Rio de Janeiro; e o meu antigo amante teve a ousadia de procurar-me.

### Rosinha
Mandaste-o pôr fora pelos teus criados.

### Revolta
Não; recebi-o como recebia os outros. E o homem que me desprezara outrora quando eu o amava com todas as forças de minha alma amou-me quando, tornando-me uma mulher perdida, confundia-o na turba dos meus adoradores. Oh!... os homens!... os homens!... Fariam rir se não causassem nojo! Vinguei-me. Em pouco tempo levei-o à ruína, à desonra; e hoje tendo deixado a família na miséria, vive nos Estados Unidos, à custa de uma mesada mesquinha que lhe envio, dizendo-lhe sempre: – São os juros dos dois vinténs que me deu de esmola. Ah! tenho-me vingado dos homens! E quando algum se roja a meus pés, e com a voz embargada pelo desespero, me diz: – Mulher não tens coração –, respondo-lhe sorrindo: – Teus iguais mo arrancaram e o cadáver da vítima não pode compadecer-se dos seus assassinos. Agora dize-me, dominó, queres saber quem sou? Olha... (*segura Magalhães por um braço, e com uma das mãos tira a máscara. Magalhães abaixa a cabeça*)

### Roberto
(*à meia voz*)
Amélia!... Eu bem o suspeitava!

### Leopoldo
E quem era teu marido?

#### Amélia
Era o Sr. Magalhães, homem rico e poderoso ante quem, apesar de bancarroteiro, muitas cabeças se vergam! (*arranca a máscara de Magalhães*)

#### Magalhães
Insolente! (*Alfredo interpõe-se; Amélia afasta Alfredo que segura Magalhães pelo braço*)

#### Amélia
Cala-te, miserável. Foste tu quem me perdeu, e acho-te tão vil, que do fundo do abismo em que caí vejo-te ainda muito abaixo dos meus pés. (*aos convivas*) Amigos, quando este homem passar por junto de vós, cuspi-lhe na cara! (*a Magalhães*) E tu reflete que amanhã esta história estará divulgada; que os levianos rir-se-ão do marido da mulher perdida, e os homens sisudos te repelirão.

#### João da Silva
(*entrando*)
São horas, Revolta.

#### Amélia
(*a Magalhães*)
Sai!... mas lembra-te que arremessando-me neste charco imundo também te cobriste de lama. (*Magalhães ergue os ombros e vai apertar a mão de Roberto, que lhe dá as costas; bem como a de Alfredo e Leopoldo de quem também tenta despedir-se. Todos imitam a Roberto*) O teu castigo começa.

MAGALHÃES
(*furioso, avança para Amélia*)
Atrevida!

JOÃO DA SILVA
(*interpondo-se*)
Retire-se, e não me obrigue a castigá-lo. (*Magalhães de novo tenta avançar para Amélia. – Silva segura-o pelos braços com energia*) Saia!... (*indicando-lhe a porta*) Saia!

MAGALHÃES
Oh!... como me hei de vingar?! (*sai*)

## Cena X

*Os mesmos, menos* MAGALHÃES

AMÉLIA
(*a Roberto, de parte, enquanto os outros conversam em grupo*)
Doutor, ouviu a minha história; não peço que me perdoe; seria muito exigir!... Mas é bom e generoso, por isso estou certa que me há de conceder o que lhe vou pedir.

ROBERTO
O que queres, Amélia?

AMÉLIA
(*à meia voz*)
Eu não disse tudo. Tive uma filha, tome-a sob a sua proteção, eduque-a, e oculte-lhe sempre o meu nome e a minha vida.

## Roberto

Desgraçada!

## Amélia

Sim, bem desgraçada!... e esta separação é para mim o golpe mais tremendo! Preferiria sofrer todas as torturas: mas devo vergar-me para seu bem. Doutor, de joelhos lhe peço – salve-a!

## Roberto
*(impedindo Amélia de ajoelhar-se)*
Amélia, arrepende-te. Não vês que essa obrigação em que estás de separar-te de tua filha é já um terrível castigo?

## Amélia

Oh! imenso!... esmagador!... eu bem o sinto. Mas é tarde!... Esta vida é um plano inclinado, e ai daquela a quem lhe falseia o pé, deve rolar até o fundo! Porém não se importe comigo. Quer ser o anjo da guarda de minha filha?

## Roberto

Quero, Amélia, e com prazer aceito esse penhor sagrado.

## Amélia
*(querendo beijar-lhe a mão)*
Oh!... obrigada, meu amigo, mil vezes obrigada!...

## Roberto

Acalma-te.

#### AMÉLIA
Amanhã ela lhe será entregue. Vele sobre a desgraçada, e não se esqueça que sua mãe... que sua mãe – morreu! Adeus para sempre!... adeus!...

#### ROBERTO
Amélia, aonde vais?

#### AMÉLIA
Caminho do hospital! (*alto*) Rapaz, genebra! (*o criado enche um copo, que ela esvazia rapidamente*) João da Silva, espera dez minutos... Amigos, ao baile!... Alfredo, uma valsa delirante!

#### TODOS
(*menos Roberto*)
Ao baile!

#### ALFREDO
(*saindo com os mais*)
Viva Revolta, a rainha do Carnaval!

#### TODOS
Viva!... viva!...

#### ROBERTO
(*chegando-se à boca da cena*)
Vieira!... Vieira!... eis o que fizeste de tua filha!...

FIM DO ATO TERCEIRO

## ATO QUARTO

(*O teatro representa uma sala de visitas mobiliada com decência.*)

### Cena I

D. Maria *e* Frederico

Frederico
(*de botas à mineira, entrando*)
Bons dias, minha mãe! (*beijando a mão de D. Maria*) Como está?

D. Maria
Como hei de estar?... Sã de espírito, e portanto sã de corpo. Sabes o que descobri lançando por acaso os olhos ao espelho?

Frederico
Que ainda está moça e bonita.

#### D. Maria

Não, brejeiro; mas que há sete anos que não envelheço; nem mais uma ruga, nem mais um cabelo branco me têm aparecido. Se as coisas continuarem assim, chego à idade de Matusalém.

#### Frederico

Deus o permita, minha mãe.

#### D. Maria

A ti o deverei. São os teus cuidados e carinhos que me têm conservado.

#### Frederico

Boa mãe! Já se esqueceu de que foram as minhas loucas extravagâncias que fizeram nascer os seus primeiros cabelos brancos? Que as suas primeiras rugas foram cavadas pelas lágrimas que por minha causa derramou?

#### D. Maria

Para que te recordas desse tempo que já lá vai!?... O sangue dos vinte anos fervia-te nas veias: fizeste as loucuras próprias da tua idade. Não voltemos mais a esse assunto. Dize-me antes como achas este vestido. (*mostra-lhe o vestido que está cosendo*)

#### Frederico

Muito bonito.

#### D. Maria

Sabes para quem é?

#### Frederico
Não.

#### D. Maria
É para Amélia, quero fazer-lhe uma surpresa. Não ignoras que por coisa alguma quer largar aquele vestido de lã preta que lhe dá ares de uma freira que cose dia e noite, mas não para si, pois que todo o dinheiro que com essas costuras ganha, reparte-o em esmolas. Ora isto não pode continuar assim. Tenho aconselhado, ralhado mesmo; mas aos meus conselhos responde com um sorriso tão triste, que corta-me o coração; e quando ralho, beija-me a mão com lágrimas nos olhos, mas nem por isso muda de sistema.

#### Frederico
E como há de minha mãe fazer com que ela aceite o seu presente?

#### D. Maria
Tenho cá o meu plano. Hoje deito-me cedinho; e quando ainda não for dia, entro pé ante pé no seu quarto, que comunica com o meu, faço em pedaços a tal mortalha com que anda, e como tem de sair amanhã para ir cuidar da nossa pobre vizinha, que desde que está doente não tem tido outro enfermeiro, custe-lhe o que custar, há de enfiar este vestido, que deixarei em lugar do outro. O que dizes a isto, Frederico?

#### Frederico
(*beijando-lhe a mão*)
Que minha mãe é uma boa e santa mulher.

#### D. Maria

Não me faças elogios por tão pouco. Não velou Amélia à minha cabeceira com amor de mãe?... Não me cerca de cuidados, e não suporta as minhas rabugens com a dedicação de uma filha? Que admira, pois, que alguma coisa, e tão pouco, faça por ela? Queres adular-me, bem o vejo. Mas toma tento: tu e ela estão-me pondo a perder com mimos e afagos; e sinto que já vou ficando exigente como uma criança malcriada, e...

#### Um escravo
(*entrando*)

Um senhor já idoso quer falar com senhor moço doutor.

#### D. Maria

Algum doente que aproveita a tua vinda aqui para te consultar. (*ao escravo*) Manda entrar. (*o escravo sai. A Frederico*) Vou para dentro; mas recomendo-te que nem de longe dês a entender a Amélia, coisa alguma a respeito do vestido.

#### Frederico
Fique tranqüila, minha mãe.

#### D. Maria

É que quanto a segredos, em homens não há que fiar; são todos uns cestos rotos.

#### Frederico
(*beijando-lhe a mão*)
O ditado não diz exatamente isto.

## **Cena II**

Frederico *e* Roberto

Roberto
(*entrando de botas à mineira como quem chega de viagem*)
É ao Sr. Dr. Frederico que tenho a honra de falar?

Frederico
Eu próprio. O que deseja?

Roberto
O meu nome lho dirá. Sou o Dr. Roberto.

Frederico
(*estendendo-lhe afetuosamente a mão*)
Seja bem-vindo, Dr. Roberto. Ansiosamente o esperava.

Roberto
Recebi uma carta sua, na qual, em nome de uma infeliz, a que muito estimei, pedia-me que trouxesse comigo uma menina, filha dessa desgraçada, que ela outrora confiou aos meus cuidados.

Frederico
Trouxe-a?

Roberto
Sim.

Frederico
Oh! que imenso prazer sentirá a pobre mãe abraçando-a!

ROBERTO

Devagar, colega, devagar. O senhor diz-me em sua carta que Amélia mudou de vida: isto é muito bom, porém preciso de alguns esclarecimentos mais. Criei e eduquei essa menina como se minha filha fosse, e decerto não a entregarei à Amélia sem que primeiro esteja bem ao fato da sua posição social, e dos seus sentimentos atuais.

FREDERICO

O que deseja, pois?

ROBERTO

Sei que o senhor é homem de bem, todos mo têm assegurado, e basta vê-lo para ter disso certeza; como, porém, a sua carta é pouco explícita, desejo que me diga francamente o que sabe a respeito de Amélia. Asseguro-lhe que o acreditarei piamente.

FREDERICO

Os seus escrúpulos são justos, doutor. Vou pois, em obediência a eles, referir-lhe tudo quanto sei. Juro-lhe que só a verdade ouvirá. (*oferece uma cadeira a Roberto*)

ROBERTO

(*sentando-se*)

Disto estou certo.

FREDERICO

Dois dias depois que a desventurada mãe lhe confiou sua filha, soube que Amélia estava gravemente enferma. Uma febre cerebral, resultado dos abalos violentos que sofrera, a prostrara no leito da dor. Postei-me à sua cabeceira, e então, reunindo as frases que no seu delírio pronunciava, fiquei ciente de sua vida inteira, e comecei a considerá-la mais como uma vítima do que como uma mulher criminosa.

ROBERTO
Assim é, na verdade.

FREDERICO
Felizmente a moléstia foi vencida, e Amélia em breve entrou em convalescença, porém durante a sua perigosa enfermidade o seu modo de pensar tinha completamente mudado. Saía do túmulo purificada. As idéias de desespero e de vingança, que a colocaram em luta aberta com a sociedade, haviam sido substituídas por uma resignação dolorida, sim, mas profunda. Já não era mais a *Revolta*, era a *Arrependida*! Desgraçadamente, a nossa organização social é tal que a uma mulher é muito mais fácil perder-se do que regenerar-se.

ROBERTO
Infelizmente, tem razão.

FREDERICO
Mas eu ali estava, e procurei por todos os meios coadjuvá-la nos seus santos intentos. Fui ter com minha mãe, contei-lhe a vida de Amélia, pintei-lhe com cores verdadeiras o seu arrependimento, e fiz-lhe ver que a desventurada tivera em suas mãos a minha honra, e que salvara-me rejeitando o amor que eu lhe oferecera. Minha mãe, que, por isso mesmo

que nunca tropeçou, encontra em sua alma inesgotável clemência para aquelas que caem, compreendeu-me, e Amélia veio viver em sua companhia.

ROBERTO

E o senhor?...

FREDERICO

Fiquei residindo na próxima vila.

ROBERTO

Muito bem.

FREDERICO

Amélia tornou a ser o que era quando o senhor a conheceu: um anjo de bondade. Colocou-se por vontade própria em uma posição inferior; trabalha dia e noite para socorrer os pobres, e não há nestes arredores um desgraçado que não lhe deva pelo menos consolações. Humilde como quem tem mil erros a resgatar, vive entre nós sossegada na aparência; mas na realidade devorada por uma dor cruenta: saudades de sua filha, desejo ardente de vê-la.

ROBERTO

Foi ela quem lho disse?

FREDERICO

Não; e até estou certo que supõe que eu ignoro a existência de sua filha.

ROBERTO

Então como sabe que ela tem esse desejo!

FREDERICO

Com solícita indiscrição, minha mãe a tem espionado; e assim pôde surpreendê-la várias vezes derramando copiosas lágrimas sobre o retrato de uma menina que cobre de beijos, e a quem dirige mil frases repassadas do mais fervente amor materno. Foi o que me esclareceu. Agora, doutor, diga-me se a expiação não tem sido por demais longa; se ainda não é tempo de, entregando-se-lhe sua filha, lançar sobre as feridas de sua alma esse bálsamo consolador? Porventura o seu tão sincero arrependimento só poderá achar piedade ante os olhos de Deus? Os homens também não se compadeceram dela?

ROBERTO
(*erguendo-se comovido*)
Seria com efeito uma iniqüidade negar-se-lhe esse conforto. Amélia daqui há pouco abraçará sua filha. Vou buscá-la. (*ergue-se*)

FREDERICO
(*apertando-lhe a mão*)
Bem, doutor, outra coisa não esperava do seu bondoso coração. Agora uma pergunta. É certo que o marido de Amélia morreu?

ROBERTO
Certíssimo.
Até diz-se que envenenado pela escrava com quem se amancebara.

FREDERICO
Obrigado, doutor, e até já.

#### Roberto
Até já.

#### Frederico
(*acompanha Roberto até a porta*)
Recomendo-lhe que não faça à pobre mãe uma surpresa por demais brusca.

#### Roberto
(*despedindo-se*)
Deixe tudo ao meu cuidado. (*sai*)

## Cena III

Frederico *e* Amélia
(*Amélia trajando um vestido de lã preta, sem o menor ornato*)

#### Amélia
Bons dias, Sr. Frederico.

#### Frederico
Bons dias, D. Amélia. Vai sair?

#### Amélia
Vou visitar a vizinha. Coitada!... está tão mal!

#### Frederico
Não; hoje acha-se melhor. Em atenção ao seu pedido, estive com ela há pouco. Pode, portanto, demorar-se, tanto mais que tenho de falar-lhe sobre um assunto muito grave: trata-se do nosso futuro!!

AMÉLIA
Do nosso futuro?!

FREDERICO
Sim, D. Amélia; seu marido morreu.

AMÉLIA
Já o sabia. Deus lhe perdoe como eu lhe perdoei.

FREDERICO
Hoje, portanto, posso falar-lhe com franqueza: amo-a, D. Amélia.

AMÉLIA
Sr. Frederico!... (*quer retirar-se; Frederico a retém pela mão*)

FREDERICO
Ouça-me, por compaixão. O que tenho a dizer-lhe é tão puro, que, se o exigir, chamarei a minha mãe para que assista à nossa conversação.

AMÉLIA
Não é preciso; tenho tido tantas provas do seu cavalheirismo, que duvidar da nobreza de seus sentimentos seria da minha parte imperdoável.

FREDERICO
Atenda-me, pois. Amei-a e amo-a; mas entre o sentimento que outrora lhe votava e o que hoje lhe consagro, há uma distância enorme! No passado era uma cobiça ardente, impura, louca! Agora é um sentimento de afeição, sincero, calmo, refletido como o

comportam as nossas posições e idades; e para prova, D. Amélia, ofereço-lhe a mão de esposo. (*estendendo-lhe a mão*)

AMÉLIA
(*sem tomar-lhe a mão e com reconhecimento*)
Obrigada, obrigada.

FREDERICO
(*com transporte*)
Então aceita?

AMÉLIA
(*com tristeza*)
Recuso.

FREDERICO
Recusa!

AMÉLIA
Sim, Sr. Frederico. Aceitar a oferta que me faz prestando ouvidos aos impulsos generosos do seu coração, seria pagar com a mais negra ingratidão os imensos benefícios que o senhor e sua mãe me têm prodigalizado: atirá-lo às censuras, aos motejos do mundo, aos epigramas e chufas dos afeiçoados e inimigos, não o posso, nem o devo fazer. Entre nós ergue-se uma muralha de bronze – o passado, que o mundo nunca esquece nem perdoa!

FREDERICO
Não creia nisso, D. Amélia. Porventura, como o seu, o meu passado não teve também manchas?...

Não cometi erros?... Não enchi minha mãe de pesares?... Meus parentes e amigos de vergonha?... Entretanto, não recebeu-me a sociedade com os braços abertos?

### AMÉLIA

O senhor é homem; e um homem se regenera e purifica: a mulher nunca! A nódoa que uma vez a poluiu é eterna; nem todas as suas lágrimas, nem todo o seu sangue a podem lavar.

### FREDERICO

Engana-se, D. Amélia; e se assim fosse seria um prejuízo atroz contra o qual todos os homens de coração deviam levantar-se. E depois, não foi a senhora quem me salvou?... Não foi o amor que lhe consagrei que me levou a seguir uma vereda oposta àquela que eu tinha até então trilhado?... E não seria também uma ingratidão negar-lhe esse nome que por sua causa tornou-se honrado e respeitado? Reflita ainda, que se eu, que caí no vício, quando aliás tudo me guiava ao bem, pude retomar a posição perdida, com mais razão a retomará quem, como a senhora, foi levada ao erro, não por amor da perdição, mas sim pelo desespero, pela barbaridade e cegueira daqueles que a deviam guiar e amparar. Foram as idéias falsas que dominam a nossa sociedade que a arremessaram na terrível voragem em que por algum tempo viveu, e foi a sua inclinação para o bem que dela a fez sair, comprando cada falta com um ato de abnegação e caridade: o mundo não a pode, pois, com justiça repelir. Além disto, aqui, longe da corte, quem sabe qual foi a sua existência passada?

AMÉLIA
A minha consciência, e isso basta.

FREDERICO
Porém, D. Amélia...

AMÉLIA
Não mais insista, Sr. Frederico. Esses sofismas de que se tem servido, filhos de uma alma pura e leal, mas cega pela afeição, não mudarão a minha linha de conduta: conheço o meu lugar, e dele não sairei. Entretanto, fui leviana; deveria ter previsto que mais tarde ou mais cedo o senhor falaria de amor, e cumpria-me não aceitar a oferta que me fez sua excelente mãe – de viver em sua companhia. Supus, porém, que o senhor se tivesse esquecido!... E a vida me era tão doce aqui!... Mas hoje mesmo partirei.

FREDERICO
D. Amélia, o que diz!

AMÉLIA
O que farei.

UM CRIADO
(*entrando*)
Um senhor deseja falar à Sra. D. Amélia.

AMÉLIA
Faça o favor de o mandar entrar. (*o criado sai*)

FREDERICO
Por compaixão, ouça-me...

#### AMÉLIA
Não!... é impossível!...

#### FREDERICO
Prometa-me ao menos refletir ainda antes de dar esse passo.

#### AMÉLIA
É inútil.

#### FREDERICO
Fatalidade!... fatalidade!... (*sai*)

## Cena IV

AMÉLIA *e* ROBERTO

#### AMÉLIA
Sofri, mas cumpri o meu dever. (*ergue os olhos e dá com Roberto no limiar da porta*) Doutor!... (*corre ao encontro de Roberto; mas de repente estaca e abaixa a cabeça*)

#### ROBERTO
Ergue a cabeça, Amélia: o arrependimento purificou tua alma. Ergue a cabeça, filha: ninguém mais tem o direito de te fazer corar. (*abraça-a*)

#### AMÉLIA
Oh! doutor, como é bom e generoso!

#### ROBERTO
Sou apenas justo.

AMÉLIA
Então julga que poderei um dia…

ROBERTO
O quê?

AMÉLIA
Abraçar minha filha!

ROBERTO
Bem sabes que não ta entregaria nunca se não te julgasse completamente regenerada. Pois bem…

AMÉLIA
Acabe, doutor, acabe; esta ansiedade me mata. Não sei o que me adivinha o coração, o que suas palavras me anunciam… Se me enganasse, meu Deus!

ROBERTO
Acalma-te, Amélia, e prepara-te para a felicidade. (*entra D. Maria com Emília pela mão*)

## Cena V

AMÉLIA, ROBERTO, D. MARIA, EMÍLIA *e depois* FREDERICO

ROBERTO
Tua filha ali a tens: entrego-ta.

AMÉLIA
(*com transporte correndo para sua filha*)
Minha filha!… (*ajoelhando-se para a abraçar e beijar melhor*)

EMÍLIA
(*a Roberto*)
Titio, quem é esta senhora?

ROBERTO
É tua mãe.

EMÍLIA
(*beijando e abraçando Amélia*)
Minha mãe!... minha querida mãe!... E eu, que tanto rezei por ela pensando que estava no céu!

AMÉLIA
(*transportada*)
Oh!... doutor, é mentira; o prazer não mata! (*aparece no fundo Frederico*)

EMÍLIA
Titio Roberto, meu pai também não há de ter morrido: onde está ele?

ROBERTO
Teu pai...

AMÉLIA
(*erguendo-se, à meia voz*)
Oh! o passado!... Tinha-me esquecido dele, e vinga-se esmagando-me na hora da mais suprema felicidade.

FREDERICO
Ainda persistes?

AMÉLIA

Ainda, e sempre.

FREDERICO

Desgraçada!

AMÉLIA

Não. Feliz, muito feliz! Madalena só teve os braços da cruz para se abrigar, eu tenho os de minha filha.

FIM

Maria Ribeiro

# CANCROS SOCIAIS

*A Exma. Senhora*
*D. Violante de Bivar*

Minha senhora. Isto não é um prólogo; é apenas uma homenagem à memória de uma criança e de dois velhos: meu filho, meu mestre e o pai de V. Exa.

Para justificar, porém, esta homenagem, que me empenho em tributar, permita-me V. Exa. que, distraindo-a dos seus estudos e labores, eu ocupe a sua atenção evocando alguns acontecimentos do passado, que, ainda dolorosos, são sempre memoráveis ao meu coração.

Em maio de 1855, possuía eu um lindo filhinho de olhos azuis e cabelos louros, o qual já retribuía com seus sorrisos e carícias de inocente os meus extremos de mãe. Um dia o meu anjinho agitou as asas brancas, e lá se foi a tomar lugar aos pés de Deus, entre os seus irmãos do céu!

Entregue à dor que a sua ausência me deixou, eu só ambicionava o lenitivo de ir reunir-me ao filho que tanto amei e tenho amado. Em vão pretendi iludir as minhas saudades, procurando esquecer a formosa estrelinha que despontara no céu do meu viver de mãe. A felicidade havia desaparecido!

Enfermei gravemente; e quando os esforços da ciência roubaram-me a esperança de acompanhar meu filho, ficou-me a nostalgia da maternidade, inspirando-me o mais invencível tédio a tudo que me cercava: eu só tinha metade do meu viver.

Busquei alívio às minhas pungentes mágoas em toda a natureza; mas a aurora e o dia, as flores e os passarinhos, o pôr-do-sol e a noite, as estrelas e a imensidade, a lua e o mar mais avivavam o meu sofrer! Vigor e ânimos se abatiam cada vez mais sob a pressão das minhas saudades!... Restavam-me, no entanto, duas filhas cá na terra, e para elas era mister viver.

Quis distrair-me, e, para consegui-lo, tentei dialogar uma drama, para o que me sentia com alguma vocação.

Na idade de 12 anos, quando tudo sorri à imaginação de uma menina, começara eu a escrever as minhas impressões de criança – saudações a amigas e alguns versinhos aos dias aniversários das minhas camaradas. Com o tempo, a prática e a madureza do espírito, alguma coisa com mais jeito ia fazendo; até colaborei em mais de um periodicozinho, dos quais, felizmente, já quase ninguém se lembra!

A conseqüência do meu tentame foi o original em cinco atos – *Guite ou a feiticeira dos desfiladeiros negros*.

Sem pretensões, e sem nutrir a menor ambição de louvores do público ou da imprensa, e só para satisfazer à vontade de meu marido, remeti o meu drama ao Conservatório Dramático, do qual era então presidente o Sr. conselheiro Diogo Soares da Silva de Bivar.

Poucos dias depois, e por intermédio do 1º. secretário o Sr. F. C. da Conceição, recebi o meu trabalho aprovado e generosamente distinguido, com palavras de inestimável favor que o Sr. conselheiro Bivar juntara ao seu despacho!

O inesperado obséquio animou-me a prosseguir nestas tentativas, que, distraindo-me, tornavam assim menos doloridas as minhas íntimas saudades, e mais dois ensaios apareceram em 1856 – *Paulina* e *A aventureira de Vaucloix* –, dramas originais que tiveram a fortuna de também serem obsequiosamente acolhidos pelo Conservatório, sendo o despacho do último ainda acompanhado de benevolentes expressões de louvor do Exmo. presidente, o qual, cumpre aqui dizer-se para muitos, nem sequer de vista me conhecia.

Incômodos de família privaram-me de continuar a escrever os meus ensaios. Um dia, porém, em 1858, lembrei-me dos despachos do Sr. conselheiro Bivar. Daí a quinze dias oferecia eu a um amigo – amigo como poucos sabem ser, e que nunca me lisonjeara – um drama original em cinco atos, escrito expressamente para dedicar-lho no seu dia natalício.

O meu amigo, então secretario do Conservatório, distribuiu o meu drama, *para obsequiar-me*, ao censor mais ríspido e intolerante que conhecia, e por conseqüência, o mais imparcial em suas opiniões. *O anjo sem asas* foi louvado pelo censor austero, merecendo depois a aprovação das pessoas que o leram ou ouviram a sua leitura.

Em seguida escrevi os originais *D. Sancho em Silves* (histórico), *Cancros sociais* e *Gabriela*, dramas; e as comédias: *Cenas da vida artística*, *Um dia na opulência, A cesta da tia Pulquéria, O poder do ouro, Cancros domésticos, O onfalista*, etc., tendo anteriormente escrito *As luvas de pelica*.

O parecer favorável de alguns amigos competentes despertou-me as aspirações, e desejei apresentar-me ao juízo público.

Em março de 1863, a Sociedade Dramática, que então trabalhava no teatro do Ginásio, levou oficiosamente à cena o meu drama *Gabriela*, que, para o cumprimento de uma promessa, escrevi *ao correr da pena*, pois devia representar-se em benefício da atriz D. Gabriela da Cunha em dia já designado.

Em maio de 1865, dez anos depois da morte de meu filho e do primeiro louvor do Sr. conselheiro Bivar, também no Ginásio pela companhia dirigida pelo poeta-artista o Sr. Furtado Coelho, foi representado com todo o esplendor o meu drama *Cancros sociais*.

Não devo talvez rememorar agora os sucessos obtidos por estes meus trabalhos, nem tenho expressões para manifestar meu reconhecimento infindo. Só posso confessar que nunca imaginei ser tão delicadamente acolhida e altamente elevada pelo público e por toda a imprensa fluminense, a qual espontaneamente me honrou de um modo grandioso e notável. Sejam provas do meu perdurável sentir estas palavras, já que não pude cristalizar as lágrimas de satisfação, vertidas após as minhas horas de esplêndidas ovações, para erguê-las, como a imagem da gratidão à memória de tantos favores – favores bem pouco vistos na cena brasileira.

Não são estas palavras arroubos de vaidade, que nunca tive, nem protestos para novos triunfos: rosas e louros sempre entremeados das sentidas saudades de meu filho; aplausos que me elevavam com o mais íntimo sentimento à região dos justos, por onde deve pairar o espírito do Sr. conselheiro Bivar.

Em todas as minhas noites de flores e de bravos, e especialmente, naquela para mim muito memorável, em que me foi entregue, com o diploma de sócia honorária, o eloqüente e delicado mimo da sociedade Ensaios Literários, recordei-me de um outro respeitável e ilustre velho, ao qual devo *tudo* quanto valho e *tenho adquirido* no torneio das letras: meu mestre; o amigo e companheiro de armas do meu pai, o Sr. brigadeiro Antonio Joaquim Bracet, que no campo da vitória, soube colocar no peito do capitão Marcelino de Souza Rego, a quem devo os dias da existência, o primeiro padrão de glórias militares.

Esse venerando ancião, tipo infelizmente raríssimo nestas épocas de egoísmo e de maledicência, cheio de nobreza e dedicação em suas afeições sinceras, tomou a seu cargo a educação da desprotegida filha do soldado, órfã antes de completar o seu primeiro lustro; e durante anos de fadigas e cuidados inalteráveis, procurou facultar-lhe (como ele dizia), os meios de alcançar pela inteligência, uma posição digna e independente no futuro.

Meu respeitável mestre…

A todas estas memórias, que me são tão caras, devia eu uma homenagem; e em deficiência de outro meio, pareceu-me digno levantar aqui, com a publicação deste humilde trabalho, uma lembrança, singela, mas, nem por isso, menos sincera e grande do que os profundos sentimentos que ma inspiraram.

Neste meu intuito, que as almas bem constituídas hão de respeitar, não há, nem houve sombra de pretensão. Publico o meu escrito com esse desejo, e não por ambição e glórias, que já as tenho bastante para o meu coração e para as minhas aspirações literárias.

Sei que uma mulher, especialmente, pobre, não pode elevar-se a certas regiões. O despeito de uns, a intolerância de outros, a injustiça de muitos, e sobretudo, a calúnia sempre ávida de vitimar a fraqueza feminina, cedo ou tarde, com aleives e injúrias, lá a despenham dessas alturas, se porventura soube atingi-las.

Cumpre-nos obedecer aos homens!

A mulher brasileira, se não quer sujeitar-se ao escárnio dos *espirituosos* e às censuras mordazes dos *sensatos*, não tem licença para cultivar o seu espírito fora das raias da música ao piano, e das de algumas frases, mais ou menos estropiadas, de línguas estrangeiras! Nem ao menos, para ler Aimé Martin – *Civilização do gênero humano pelas mulheres!*

As européias, sim, essas inteligentes e talentosas podem estudar e escrever; poetar ou compor dramas e romances; podem satisfazer as ambições da sua alma, ter culto, e conquistar renome...

Entre nós, não, que nada disso se pode dar! O que sai de lavra feminina, ou *não presta*, ou *é trabalho de homem*. E nesta última suposição, vai uma idéia oculta e desonesta.

E para que compraríamos, nós mulheres, a fama de sermos autoras de trabalhos que não fossem nossos, se com ela nada ganhamos, nem temos possibilidade de obter lugar ou emprego pelos nossos méritos literários? Valem-nos eles de coisa alguma?

Será pelos lucros?...

Santo Deus! A calúnia nem reflete nisto!

Levando, pois, a efeito o meu tributo, creio cumprir com ele o doce dever da saudade maternal e a respeitosa veneração de discípula; dando também à desprovida história das letras dramáticas da minha pátria, o pequenino contingente do meu minguado talento.

E, se porventura, o meu decrescente estado de saúde, que me conduz para a morte, tão tímida pelos felizes do mundo, me deixar alentos que me permitam aproveitar as poucas horas que me ficam das minhas lidas de mãe de família, no afã das letras a que, já agora, me sinto presa até morrer, irei dando ao prelo algumas outras concepções, e, possam elas, acolhidas pelo público, lembrar por algum tempo à geração que nos sobreviver: a memória de meu filho, a dedicação de meu mestre, e a benevolência do presidente do Conservatório Dramático Brasileiro, em 1855.

Concluo, minha senhora, pedindo a V. Exa., que receba no santuário dos seus sentimentos de mulher e de filha, as singelas recordações das minhas saudades e da minha gratidão.

Março de 1866.
Maria Ribeiro

Maria Ribeiro

# CANCROS SOCIAIS

Drama em cinco atos

Representado pela primeira vez no
Teatro Ginásio Dramático
a 13 de maio de 1865

## PERSONAGENS

EUGÊNIO S. SALVADOR, *34 anos, negociante*
BARÃO DE MARAGOGIPE, *58 anos, capitalista*
VISCONDE DE MEDEIROS, *56 anos, negociante*
ANTÔNIO FORBES, *60 anos, procurador de causas*
PEDRO, *30 anos, criado de Eugênio*
PAULINA, *32 anos, esposa de Eugênio*
OLÍMPIA, *15 anos, filha de Eugênio*
MATILDE, *45 anos, amiga de Paulina*
MARTA *(parda clara), 47 anos*
UM EMPREGADO DA CASA DE CORREÇÃO, *35 anos*
HOMENS, SENHORAS, CRIADOS, *etc*.
GUARDAS, MÚSICOS, ARTESÃOS, PRESOS, *etc*.

Época, atualidade; ação, Rio de Janeiro, 1862.

ATO PRIMEIRO

(*Em casa de Eugênio, a 2 de julho, de manhã.*)
(*Salão, esteirado, com duas portas ao fundo, outras duas à esquerda e duas janelas à direita. Mobília elegante ao gosto da quadra; espelhos, vasos, quadros, candelabros, cortinados, etc. Um divã, uma mesa pequena perto, e em lugar conveniente uma grande moldura com retrato de homem, coberto de gaze verde.*)

### Cena I

O BARÃO *e o* VISCONDE

BARÃO
Se é sobre negócios, que V. Exa. pretende falar a Eugênio, creio que não escolheu dia muito oportuno (*apresenta-lhe uma cadeira*); a recepção de hoje, é toda em obséquio à menina S. Salvador.

#### VISCONDE

Não ignoro essa circunstância, e é mesmo para cumprimentá-la que aqui venho (*assentam-se*); mais tarde, apresentar-me-ei em caráter oficial e solene. (*surpresa no Barão*) A filha do Comendador, é uma adorável criatura! Rica, formosa... Ora... sejamos francos, Barão! Ainda não percebeu que eu gosto muito da jovem Olímpia?

#### BARÃO

V. Exa.?!

#### VISCONDE

Sim, meu caro Maragogipe! Estou mesmo apaixonado! Brevemente formularei o meu pedido, debaixo de toda a formalidade exigida pelas conveniências da *nossa roda*.

#### BARÃO

E conta com o assentimento de S. Salvador?

#### VISCONDE

Creio que ele não desdenhará ter uma filha Viscondessa.

#### BARÃO

E ela?

#### VISCONDE

Nenhuma moça rejeita a mão do homem que lhe oferece um título e uma brilhante posição.

### Barão
Já vejo que o Sr. Visconde não conhece a fundo o caráter das pessoas de quem fala, e com quem trata, há muito pouco tempo! Eugênio S. Salvador preza muito a felicidade de sua filha, para sacrificá-la às considerações de títulos e posição; quanto à sua esposa, senhora de espírito reto, inteligente e ilustrada, penso que não há de entregar às carícias de um esposo da idade de V. Exa., uma menina que mal sai da infância.

### Visconde
(*irônico*)
Como está o Barão ao fato de todas essas coisas!

### Barão
Posso afirmar ao Sr. Visconde, que são estas as idéias dos meus amigos.

### Visconde
(*fátuo*)
Apelarei então para Olímpia...

### Barão
Não conte com esse auxiliar. Essa menina é dotada de uma ingenuidade tão franca, tão *límpida*, por assim dizer, que não se deixará seduzir pela vaidade, que perde a maior parte das mulheres.

### Visconde
O Barão está ainda muito atrasado no conhecimento do coração humano!

BARÃO
Nesta casa, Sr. Visconde, a felicidade não é um *mito*, é uma realidade.

VISCONDE
É por essa razão, que insisto em efetuar um casamento conveniente aos dois lados, pela riqueza e pela posição.

BARÃO
(*intencional*)
E pelo sentimento?!...

VISCONDE
Isso... São frioleiras dispensadas pelos cônjuges da *nossa roda*! Entre nós outros fidalgos, de nada valem essas puerilidades a que chamam – interesses do coração!

BARÃO
(*friamente*)
Com semelhante modo de encarar um enlace tão solene, forma V. Exa. uma exceção... *na nossa roda*.

VISCONDE
*Costumeiras* antediluvianas, meu caro! (*erguem-se*) Felizmente já nos vamos emancipando de muitos abusos dos nossos antepassados! (*pega do chapéu*) O Comendador demora-se... as senhoras...

BARÃO
Creio que ainda é muito cedo para vê-las.

VISCONDE
Voltarei à tarde. (*vê o relógio*) Já nove horas!

## Cena II

*Os mesmos e* PEDRO

PEDRO
(*ao Barão*)
Está aí uma pessoa que pede para falar a V. Exa.

BARÃO
Faça entrar quem é. (*sai Pedro*)

## Cena III

O BARÃO *e o* VISCONDE

VISCONDE
Está bem, não o quero incomodar mais, Barão; até logo.

BARÃO
(*friamente*)
Adeus, Sr. Visconde.

## Cena IV

*Os mesmos e* FORBES

VISCONDE
(*ao sair encontra Forbes*)
Antônio Forbes!

FORBES
O Sr. Visconde de Medeiros! (*param à porta*)

VISCONDE
O Sr. Forbes por aqui! Deixou então a Bahia!

FORBES
Sim, Excelentíssimo, o foro por lá nada deixa.

VISCONDE
Isso acontece por toda a parte. Se há tantos *zangões* de tribunais!... Adeus, Sr. Forbes. Se precisar de mim, apareça.

FORBES
(*com intenção*)
Não me despeço do favor de V. Exa. (*cumprimentando-o*); sempre pronto para o servir. (*sai o Visconde, e Forbes aproxima-se*)


### Cena V

*O* BARÃO *e* ANTÔNIO FORBES

FORBES
Um criado do Sr. Barão!

BARÃO
(*assentando-se*)
Já sei que vem concluir o que tratamos. (*indica-lhe uma cadeira*)

FORBES
(*assenta-se*)
Foi para esse fim que tive a honra de procurar o Sr. S. Salvador; porém, como não o encontro, creio que com V. Exa. é a mesma coisa.

BARÃO
Acho melhor ultimar com ele próprio esse ato. Se não quiser esperar um pouco, pode passar por aqui mais tarde.

FORBES
Como V. Exa. entender.

BARÃO
Está então resolvido de todo?

FORBES
(*suspira*)
Desejo que ela seja feliz.

BARÃO
Parece estimá-la muito!

FORBES
Só a grande urgência das minhas precárias circunstâncias, me obrigaria a receber a importância da sua liberdade, e a privar-me dos seus serviços! V. Exa. não imagina as boas qualidades de que é dotada aquela mulher! É uma criatura inteligente, laboriosa...

BARÃO
E... é morigerada?

FORBES

Foi a ambição da liberdade, que a levou à beira do abismo, aonde talvez se precipitasse, se...

BARÃO

Compreendo: foi seduzida com promessas de liberdade.

FORBES

E de casamento... promessas que nunca se realizam. Quem dá valor a juramentos feitos a uma escrava?

BARÃO

É exato. Há, infelizmente, homens que se julgam desobrigados dos mais santos deveres para com a honra da mulher cativa! Mas em que ficamos, quanto ao preço do resgate da sua parda?

FORBES

Não posso aceitar menos de dois contos de réis; e, creia V. Exa., que é bem pouco pelo sacrifício que faço.

BARÃO
(*depois de breve reflexão*)

Bem; creio que o meu amigo não fará questão sobre este ponto. (*erguem-se*)

FORBES

Terei a honra de procurar o Sr. Comendador, mais tarde. (*inclina-se*) Às ordens do Sr. Barão! (*o Barão cumprimenta-o, e ele sai*)

## Cena VI

*O Barão e depois Pedro*

BARÃO
(*chamando*)
Pedro! (*aparece Pedro*) Se esse homem voltar antes da chegada de seu amo, faça-o esperar. (*sai Pedro. O Barão vai tomar o chapéu, que está sobre uma cadeira, e vê Paulina e Matilde que entram*)

## Cena VII

BARÃO, PAULINA *e* MATILDE

BARÃO
(*alegremente*)
Oh!... Já acordada! Julgava que os passarinhos não tivessem ainda gorjeado nas janelas do aposento de V. Exa.!

PAULINA
(*sorrindo-se e apertando-lhe a mão*)
Acha então que madruguei?

BARÃO
Sem dúvida!

PAULINA
(*sorrindo-se*)
Pois não só os passarinhos já voltejaram pelas *papoulas* e *jasmins*, do meu jardinzinho, como tam-

bém (*indicando ou tomando a mão de Matilde*) *chilreamos* há mais de meia hora, em coisas agradáveis e variadas.

### Matilde
Como tem passado, Sr. Barão?

### Barão
Sempre bem, e ao dispor de V. Exa.! (*pega no chapéu*)

### Paulina
Como! já nos deixa! Eugênio pouco pode tardar.

### Barão
Estarei de volta à hora do almoço – se me guardarem o meu lugar de costume, à mesa.

### Paulina
O seu lugar, meu amigo, é nos nossos corações, onde ninguém o pode substituir!

### Barão
(*apertando-lhe afetuosamente a mão*)
Eu o sei, minha filha! Até logo. (*cumprimenta a Matilde*) Minha senhora!...

### Matilde
(*apertando-lhe a mão*)
Até logo, Sr. Barão! (*acompanha-o até a porta, e voltam a assentar-se no divã*)

## Cena VIII

Paulina e Matilde

Paulina
Com efeito! Seu marido, pelo que a senhora acaba de contar-me...

Matilde
Se eu lhe referisse tudo quanto sofri!...

Paulina
Nem sei como se casou com semelhante homem! (*entra um criado com duas taças de chocolate sobre uma bandejinha de prata, põe-na sobre a mesinha, e retira-se. Paulina dá uma taça à Matilde e toma a outra. Bebem o chocolate*)

Matilde
Casei-me por vontade de meu pai; e, para obedecer-lhe, sacrifiquei a ventura de pertencer a um homem, que me teria feito bem feliz!

Paulina
Avalio o quanto lhe seria penoso um tal sacrifício!

Matilde
(*tristemente*)
Meu pai chorou amargamente a minha desgraça; e, ao morrer, pediu-me perdão da violência que fizera aos meus sentimentos. A sua morte, que me deixou só no mundo, foi o prelúdio de todas as minhas infelicidades! (*larga a taça na bandeja*) É muito mau

sujeitar-se o coração de uma menina a cálculos pecuniários. O ouro não dá ao coração a ventura íntima de um afeto compreendido e partilhado.

PAULINA
(*larga a taça na bandeja*)
Porém, entregar-se uma filha a um homem que não possa dignamente sustentar tão melindroso encargo, é fazer dois infelizes.

MATILDE
Não vou ao contrário disso; o que eu digo, é, que não se deve só atender às considerações de dinheiro; porque, digam o que disserem: nem sempre a mulher rica é a mulher feliz!

PAULINA
Isso é bem verdade!

MATILDE
E a prova do que digo, tenho-a em mim própria. Quando eu era rica, fui festejada, acatada... adulada mesmo! O que era muito natural... Dávamos esplêndidas funções! tínhamos sempre uma lauta mesa à disposição dos admiradores da nossa baixela, e adoradores dos nossos cozinheiros!... Julgavam-me por isso a mulher mais feliz da cidade da Bahia, e no entanto... Só Deus sabe o quanto era digna de lástima a minha sorte! Mas, deixemos este assunto, que sempre me entristece... (*pequena pausa*) A senhora não conserva algumas reminiscências daquela linda cidade?

PAULINA

Nenhumas; vim de lá mui pequena. Também, as minhas recordações, nada teriam de agradáveis! Meu pai faliu, e viu-se obrigado a vir para o Rio de Janeiro, acusado de estelionatário, pesando-lhe sobre a sua honra uma sentença infamante.

MATILDE

Estelionatário!

PAULINA

Uma denúncia, acompanhada de falsos documentos, apresentou-o como tendo sonegado objetos de valor à massa falida!

MATILDE

E conseguiu reabilitar-se?

PAULINA

(*tristemente*)

Não o pôde fazer; sucumbiu à vergonha da sua condenação, quando se preparava para combater os elementos da sua ruína!

MATILDE

(*apreensiva*)

Como se chamava seu pai?

PAULINA

Olímpio Torres.

MATILDE

(*erguendo-se*)

Olímpio Torres!

PAULINA
(*erguendo-se*)
A senhora conheceu meu pai?

MATILDE
(*serenando-se*)
De nome: esse lamentável fato foi muito notório. E sua mãe?

PAULINA
(*tristemente*)
Essa... acompanhou-o ao túmulo, bem de perto! Fiquei entregue aos cuidados de minha madrinha, que acabou de me criar, e que me educou com o carinho e os desvelos de uma verdadeira mãe. De sua casa saí casada com Eugênio, que era então primeiro guarda-livros do Barão de Maragogipe...

MATILDE
(*um pouco enleada*)
Parece ser um excelente homem.

PAULINA
Se é: a ele deve meu marido tudo quanto é no mundo! Mandou-o educar com todo o esmero, habilitando-o a seguir qualquer carreira; e tendo Eugênio preferido a do comércio, fê-lo seu caixeiro, mais tarde, seu guarda-livros, e depois do nosso casamento, deu-lhe sociedade na casa, abonando-o na Praça, com todo o seu crédito. Eis aqui a minha história. Não a acha bem simples e pequenina? (*encaminhando-se para o sofá*)

#### Matilde

E bem interessante! (*assentam-se*) A minha, é mais cheia de tristes episódios! Contava apenas dezenove anos, quando a lei dos homens desatou os laços com que as da Igreja me ligara a um esposo brutal e perdulário, que havia transformado o santuário conjugal, em teatro das mais indignas fraquezas!

#### Paulina

Quantas contrariedades não sofreria a senhora, durante o período da sua ação de divórcio!

#### Matilde

Contrariedades? A senhora não imagina o quanto é ultrajada a mulher que, como no meu caso, procura refugiar-se na proteção que as leis lhe facultam! Sofre, em todo o seu peso, a reprovação dos austeros moralistas da nossa sociedade!

#### Paulina

Mesmo sendo virtuosa?

#### Matilde

A virtude, minha cara senhora, é, para muitos *espíritos fortes*, uma – quimera! Julgam – ou fingem julgar – que a virtude da mulher não passa de uma utopia moral. Por muito favor concedem-lhe a graça das aparências.

#### Paulina

Pois existem homens convictos de uma geral perversão de costume?

#### Matilde

Há muitos caracteres nobres e imparciais; todavia, a justiça que devera presidir ao julgamento da mulher, não penetrou ainda convenientemente na consciência de tais julgadores. Os homens, isto é, a causa primordial de todos os erros da mulher, são os seus mais implacáveis juízes! Convertem a esposa honesta, ou a virgem inocente, em uma proscrita do círculo honrado e virtuoso; e se a transviada não tem a força de vontade precisa para reagir contra a sua condenação, está irremediavelmente perdida! Neste caso, ei-la trajando todas as galas da hipocrisia, e afrontando os seus próprios juízes, que então iludidos a aplaudem, e a proclamam: regenerada!

#### Paulina

Acho-a injusta, negando a possibilidade da regeneração da mulher culpada!

#### Matilde

Santo Deus! Eu não nego a possibilidade! duvido simplesmente da sua sinceridade! A *erradia*, verdadeiramente arrependida, não se apresenta aos comentários das turbas, coberta de vestes e jóias preciosas! A vergonha de uma passada degradação, concentra-se, e pede ao esquecimento dos seus desvios o perdão da sociedade, e a paz da sua consciência.

#### Paulina

Mas, quantas infelizes, lançadas no opróbrio por causas imperiosas, quando encontram em seu caminho, algum apoio, não se erguem da sua abjeção, tornando-se boas esposas e mães exemplares?

MATILDE

Será como diz; não quero desfazer as suas belas ilusões! Cá por mim penso de outro modo. A mulher que uma vez se vendeu ao demônio do vício, ou da vaidade, não pode mais erguer-se à altura donde caiu. As nódoas dos beijos mercenários, não se apagam das faces que os receberam... nem se resgata por alguns dias de continência, uma vida de excessos e ebriedade! A virtude, minha cara amiga, tem a sua coroa: desfolhadas e dispersas as flores de que ela se compõe, nunca mais torna a ser o mesmo emblema!

PAULINA
(*melancólica*)
Quanta descrença se revela no fundo acrimonioso das suas proposições!

MATILDE
A descrença é o bem que ficou dos meus passados infortúnios! Sou quase cética para muitas coisas desta vida! *creio* que – ainda – existem *virtude* e *justiça*; porém, não as admito sem as mais minuciosas indagações!

### Cena IX

*As mesmas e* OLÍMPIA

OLÍMPIA
(*beijando a mão de Paulina*)
Bom dia, mamãe... A Sra. D. Matilde estava aqui?! (*Matilde beija-a na face*) Que maldade!

#### Matilde
O quê? – a minha presença, ou o meu beijo?

#### Olímpia
Por que não mandaram chamar-me há mais tempo, para gozar de tão amável companhia?

#### Matilde
Julgávamos que a menina ainda estivesse entre os seus nevoeiros de rendas e cambraias, a conversar com os anjinhos.

#### Olímpia
(*sorrindo-se*)
A esta hora? Mamãe interromperia os meus colóquios, com as suas exprobrações!

#### Matilde
Nisso faria ela muito bem. As moças são como as flores, e, como estas, devem erguer-se com as auras da madrugada.

#### Olímpia
A Sra. D. Matilde anda em competência com papai, nos seus lindos madrigais! (*assentam-se, ficando Olímpia perto de Paulina*) O que me dá hoje, mamãezinha?

#### Paulina
Um beijo, ou uma flor: escolhe.

#### Olímpia
(*apresentando a face*)
Venha o beijo. (*Paulina beija-a*) Agora, em vez da flor, quero um vestido para a reunião da *Campesina*.

PAULINA
(*tornando-se séria*)
Não pode ser; já o mês passado, teu pai comprou-te dois.

OLÍMPIA
Mas, mamãe...

PAULINA
Vejo-te um tanto inclinada ao luxo, e à ostentação!... Olha que estas duas paixões nunca conduzem a mulher à verdadeira felicidade! Demais, minha filha; não é na profusão e riqueza dos atavios que está o encanto de uma moça; é na simplicidade e compostura deles.

MATILDE
São belas essas máximas; mas, uma imaginação de quinze anos, não opta muito pela sua moralidade! (*olhando*) Ali vem o Sr. Comendador... (*erguem-se, Olímpia corre a recebê-lo*)


### Cena X

*As mesmas e* EUGÊNIO

EUGÊNIO
(*prazenteiro*)
Como! venho encontrar a Sra. D. Matilde aqui?!

MATILDE
(*apertando-lhe a mão*)
E o que tem isso de extraordinário, Sr. Comendador?

EUGÊNIO
Nada, minha senhora! Como tem V. Exa. passado?

MATILDE
Bem... neste momento especialmente.

EUGÊNIO
(*com amabilidade*)
Sempre oficiosa! (*assentam-se, menos Olímpia que fica encostada à cadeira de Eugênio*)

MATILDE
Diga antes: apreciadora da ventura que se goza neste paraíso!

PAULINA
(*indicando Eugênio*)
Graças ao anjo que o tem sob a sua guarda.

EUGÊNIO
(*beijando-lhe a mão*)
E com tão sedutora *Eva*!...

PAULINA
(*sorrindo*)
Lisonjas?!

OLÍMPIA
(*tristemente*)
A mim ainda o papai nada disse.

EUGÊNIO
(*afagando-a*)
O que mais te hei de dizer, minha *pérola*?... Só se te repetir...

PAULINA
(*vivamente*)
Nada de lhe repetires os teus gracejos; ela já os tem ouvido demais.

EUGÊNIO
(*sorrindo-se, para Olímpia*)
A mamãe tem medo que eu te faça vaidosa!

PAULINA
Oh!... por esse lado já o mal está feito!

EUGÊNIO
Como! pois tu és vaidosa, Olímpia?

OLÍMPIA
(*meiga*)
Não acredite isso, papai; mamãe está *de pontas comigo*, porque eu lhe pedi... (*entra Pedro pelo fundo com um magnífico ramo de flores naturais*) Oh! que lindas flores!...

## Cena XI

*Os mesmos e* PEDRO, *que apresenta o ramo a* OLÍMPIA

OLÍMPIA
São para mim? (*toma o ramo*)

PEDRO
(*apresentando-lhe uma carta*)
Da casa do Sr. Comendador Menezes. (*sai*)

## Cena XII

*Os mesmos, menos* PEDRO

OLÍMPIA
(*dando a carta a Paulina*)
É de Carlota.

PAULINA
(*lendo*)
"À sua amiga Olímpia. – Carlota."

EUGÊNIO
(*sorrindo-se*)
É lacônica a tua amiga!

MATILDE
Não se pode ser mais concisa!

OLÍMPIA
Boa Carlota! Vejam se ela se esqueceu de mim! (*a Matilde*) Dá-me licença para ir pôr estas flores no meu toucador?

MATILDE
Pois não, minha menina! Não faça cerimônias comigo! (*sai Olímpia*)

## Cena XIII

*Os mesmos, menos* OLÍMPIA

EUGÊNIO
(*para Matilde*)
V. Exa. deixa-nos hoje dispor do seu dia?

MATILDE
(*amável*)
Felizmente não lhes posso dar essa concessão.

EUGÊNIO
(*com amável censura*)
Felizmente?!...

MATILDE
O dia e a noite de hoje pertencem à minha amiguinha Olímpia.

## Cena XIV

*Os mesmos e* PEDRO

PAULINA
(*percebendo Pedro*)
O que quer, Pedro?... Pode chegar. (*Pedro aproxima-se e diz-lhe algumas palavras em voz baixa*) Está bem: já vou. (*sai Pedro*)

## Cena XV

*Os mesmos, menos* PEDRO

MATILDE
(*sorrindo-se*)
Já sei que tem de atender às exigências do chefe de seção de alguma das suas repartições?

PAULINA
(*sorrindo-se*)
Se a senhora me permite...

MATILDE
O melhor meio de obsequiar-me é não fazer cerimônia alguma comigo. (*sai Paulina*)


## Cena XVI

EUGÊNIO *e* MATILDE

EUGÊNIO
Não esperávamos ter hoje o prazer da sua companhia, minha senhora.

MATILDE
Oh!... pois eu não sabia que a nossa linda açucena entrava hoje na sua décima sexta primavera?

EUGÊNIO
Em paga de não o ter esquecido, vou fazer-lhe uma confidência.

MATILDE
(*sorrindo-se*)
Se é segredo, não o comprometa; lembre-se que sou mulher.

EUGÊNIO
(*sorrindo-se*)
Não há dúvida; exijo segredo até a hora do jantar somente.

MATILDE
Pois até lá... mudarei de sexo! De que se trata?

EUGÊNIO
De uma surpresa que tenciono causar a Olímpia; será o meu brinde de anos.

MATILDE
A surpresa? (*assentam-se*)

EUGÊNIO
Uma folha de papel selado; a liberdade de uma escrava. Hoje é dia para mim duplamente glorioso; 2 de julho, aniversário da emancipação política da minha terra, e o natalício de minha filha; desejo, portanto, comemorá-lo, restituindo ao grêmio social um dos seus representantes. O que pensa V. Exa. do meu *mimo*?

MATILDE
Penso que seria um singular *mimo* de anos para uma menina, se essa menina não pertencesse à família S. Salvador.

EUGÊNIO
(*beijando-lhe a mão*)
Oh!... minha senhora!...

MATILDE
É alguma escrava da casa?

EUGÊNIO
Não, Sra. D. Matilde; em minha casa não há cativos; todos os meus servos são pessoas livres.

### Matilde
Tal e qual como na minha! Abomino os escravos! São criaturas destituídas de toda a moralidade e de todos os sentimentos nobres!

### Eugênio
(*com amável censura*)
Estou desconhecendo a habitual retidão de V. Exa.

### Matilde
Crê-me então injusta?

### Eugênio
Pelo menos, pouco benevolente para com essa mísera classe, deserdada de todos os gozos sociais, e lançada, como uma vil excrescência, fora dos círculos civilizados.

### Matilde
(*surpresa*)
Está falando sério, Sr. Comendador?!...

### Eugênio
Sim, minha senhora; estou intimamente convencido que existem muitíssimos escravos morigerados e dedicados às pessoas e aos interesses dos seus senhores.

### Matilde
Discordo da sua convicção. Que haja alguma exceção de regra que a autorize, concedo; mas, muitíssimas?!

EUGÊNIO

Vejo que V. Exa. é do número daqueles que pensam que o cativeiro impõe a estupidez e a desmoralização.

MATILDE

Não, Sr. Comendador; sei que os instintos das paixões, boas ou más, se manifestam e se desenvolvem em qualquer estado ou condição da criatura. E nem julgue que sou apologista dessa monstruosa aberração do direito das gentes, que dá ao homem a propriedade individual sobre o seu semelhante! À idéia grandiosa do herói da nossa independência, tão magnanimamente por ele realizada nos campos do Ipiranga, devia ter-se seguido a completa abolição de uma lei que nos apresenta ao estrangeiro como um povo bárbaro e ainda por civilizar! Esse cancro, que solapa a base da nossa emancipação. Lamento a sorte anômala desses infelizes; porém... aborreço-os! Devo todos os meus infortúnios a escravos, dos quais era eu mais mãe do que senhora. É gente muito ingrata!

## Cena XVII

*Os mesmos e* PEDRO

PEDRO

(*a Eugênio*)

Está aí um homem que procurou por V. S. esta manhã, e pede para lhe falar. Vem com uma parda.

EUGÊNIO

Faça-os entrar para aqui. (*sai Pedro*)

## Cena XVIII

EUGÊNIO e MATILDE

MATILDE
Deixo-o com as suas visitas; vou esperar as minhas amigas no seu gabinete de trabalho.

EUGÊNIO
Se só se tratasse de uma visita, pediria a V. Exa. que abríssemos um parêntese na nossa conversação; porém, é uma conferência enfadonha.

MATILDE
A aquisição do seu brinde?

EUGÊNIO
(*seguindo-a*)
A troca do mais precioso atributo da humanidade por algumas notas do banco!

MATILDE
Até já. (*sai*)


## Cena XIX

EUGÊNIO, FORBES e MARTA

FORBES
(*à porta*)
V. S. dá licença? (*Eugênio faz-lhe um gesto, e Forbes entra acompanhado por Marta*) É ao Sr. Eugênio S. Salvador, a quem tenho a honra de falar?

EUGÊNIO

Sim, senhor; (*indica-lhe uma cadeira*) faça o favor de assentar-se. (*assentam-se; Marta conserva-se de pé em lugar donde possa naturalmente olhar para o retrato*) Sei que já me procurou.

FORBES

E o Sr. Barão de Maragogipe, com quem falei, autorizou-me a procurar de novo a V. S., para ultimarmos este negócio. Tomei a liberdade de a trazer; o preço é dois contos de réis.

EUGÊNIO
(*olha para Marta, que está muito atenta para o retrato*)
Traz a carta competentemente legalizada?

FORBES
(*entregando-lhe um papel*)
Não me esqueceu formalidade alguma.

EUGÊNIO
(*depois de ler, ergue-se*)
Está em ordem. (*guarda-a no bolso*) Dê-me licença, vou buscar-lhe o dinheiro. (*vai a sair e repara em Marta que está muito agitada a contemplar o retrato*) Meu Deus!...

MARTA
(*mostrando o retrato a Forbes*)
Que semelhança! (*para Eugênio*) Meu senhor... (*encarando-o*) Jesus!!! (*contempla por alguns momentos a Eugênio, que está muito perturbado*) Será isto um sonho?! Perdoe, meu senhor... não me conhece? Repare bem para mim... Interrogue as suas

reminiscências, as suas mais antigas recordações... (*em grande ansiedade*)

EUGÊNIO
(*com esforço*)
Não... não a conheço!

MARTA
(*muito angustiada*)
Ah!... (*fica como que aniquilada por alguns instantes*)

FORBES
(*a Eugênio*)
V. S. há de desculpar...

MARTA
(*vai ao retrato, arranca-lhe o véu*)
Sim... é ele!!

FORBES
(*repara no retrato e estremece*)
Ele?!... É... alguma pessoa da família?...

EUGÊNIO
É o pai de minha mulher...

MARTA
(*fulminada*)
Sua mulher!! (*dolorosamente*) Desgraçado!... o que fizeste!...

(*No momento em que o pano desce, entram Paulina, Olímpia e Matilde, alguns homens e algumas senhoras.*)

FIM DO ATO PRIMEIRO

## ATO SEGUNDO

(*Na noite do mesmo dia.*)
(*Gabinete esteirado, com portas ao fundo e aos lados. Poltronas, divã à direita, secretária à esquerda, mesa ao meio, com livros, objetos para escrever, tímpano e candelabro com velas acesas.*)

### Cena I

EUGÊNIO, *assentado no divã,* e PAULINA, *de pé, junto dele*

PAULINA
(*com solicitude*)
Estás melhor, meu amigo?

EUGÊNIO
Quase bom; foi uma leve indisposição.

PAULINA
Vi-te empalidecer tanto!... Por pouco não caíste.

## Cena II

*Os mesmos*, Olímpia *e* Matilde

Olímpia
(*entrando apressada*)
Meus Deus!... o que teve, papai?...

Matilde
Retirou-se da sala bastante incomodado, meu amigo?

Eugênio
(*querendo gracejar*)
Tive um achaque de moça bonita: um *faniquito*!

Olímpia
(*sorrindo-se*)
O papai com *faniquitos*?!

Matilde
Quando o doente graceja, bem vai o caso. O seu papai não tem coisa de cuidado; venha cumprir a sua promessa.

Olímpia
Ora... Sra. D. Matilde!...

Matilde
Então! quer *roer-me a corda*? Olhe que ordeno uma invasão de *dilettanti* a este gabinete!

Eugênio
O que lhe prometeu ela, Sra. D. Matilde?

MATILDE
Prometeu-me cantar uma nova cançoneta, cuja letra, produção do nosso patrício Luiz Ayque, é realçada pela linda música do Furtado Coelho.

OLÍMPIA
Mas... se eu ainda não estou bem certa!...

PAULINA
(*séria*)
Não prometerias cantá-la se não a soubesses.

OLÍMPIA
(*sorrindo-se*)
Que tirania!... Enfim... Vamos, Sra. D. Matilde. Até logo, papai. (*beija-lhe a mão*)

MATILDE
(*oferece-lhe o braço*)
Quero ser o seu cavalheiro.

OLÍMPIA
(*dando o braço a Matilde*)
Vou fazer uma *bonita* figura! (*encaminham-se para o fundo*)

MATILDE
Já a entendo, Sra. vaidosazinha! (*saem*)

## Cena III

EUGÊNIO *e* PAULINA

EUGÊNIO
Não vais também apreciá-la?

PAULINA
Gosto mais da música ao longe.

EUGÊNIO
Não acho conveniente a tua ausência da sala.

PAULINA
Inconveniente seria eu deixar-te só, incomodado como te achas.

EUGÊNIO
Preciso somente de um pouco de descanso.

PAULINA
Pois descansa. (*assenta-se perto da mesa e pega em um livro*) Mais tarde iremos juntos.

EUGÊNIO
(*levemente impaciente*)
Eis uma encantadora teima! Agradeço-te, mas...

PAULINA
Não insistas; não vou para a sala sem ti.

EUGÊNIO
(*ergue-se*)
Nesse caso... (*oferece-lhe o braço*)

PAULINA
O que pretendes?

EUGÊNIO
Restituir à festa a sua rainha.

PAULINA
(*sorrindo-se*)
Sempre a gracejar! (*ergue-se e larga o livro*) Já que o exiges, deixo-te só. Mas se daqui a meia hora não apareceres, vir-te-ei buscar.

EUGÊNIO
(*vivamente*)
Não!... não quero que aqui venha pessoa alguma!

PAULINA
(*admirada*)
Está bom... sossega; aqui ninguém virá. (*sai pelo fundo*)


**Cena IV**

EUGÊNIO *e depois* PEDRO

EUGÊNIO
(*depois de pensar imerso em tristeza, toca no tímpano e aparece Pedro pela direita*)
Já chegou a pessoa de quem lhe falei?

PEDRO
Neste mesmo instante; já eu vinha participar a V. S.

EUGÊNIO
Conduza-o para aqui, pelo corredor interior. (*Pedro vai a sair*) Espere um pouco. (*procura na mesa um bilhete de visita, e escreve nele algumas palavras a lápis*) Entregue este bilhete ao Sr. Barão, quando ele estiver só. (*dá-lhe o bilhete; Pedro sai*)

**Cena V**

EUGÊNIO *e depois* FORBES

(*Ouve-se Olímpia cantar uma cançoneta,
música de Furtado Coelho e letra de Macedo Ayque.*)

Do azul do céu, minha estrela
Luziu brilhante e morreu!
A mão da sorte em minh'alma
Um véu de crepe estendeu.

Meus sonhos são agonias!
Espinho que ceva a dor.
É meu futuro um deserto,
Sem planta, nem luz, nem flor!

A derradeira esperança
Em limbo escuro tombou,
E morta vivo das penas
Que o sofrimento deixou!

(*Enquanto Olímpia canta, Eugênio passeia
tristemente, parando de espaço a espaço. Findo o
canto, ouvem-se grandes aplausos, bravos, etc.*)

EUGÊNIO
(*assenta-se muito opresso*)
Oh!... a fatalidade!... a fatalidade!...

FORBES
(*à porta, como que respondendo*)
Sou eu, Sr. Comendador! (*Eugênio ergue-se*) V. S. dá licença?

#### Eugênio
Entre, senhor. (*Forbes entra*)

#### Forbes
Sei que a ocasião é imprópria; porém, como V. S. pediu-me que viesse aqui esta noite...

#### Eugênio
(*indica-lhe uma cadeira*)
Faça o favor de assentar-se. (*assentam-se*) Desejo obter do senhor algumas informações sobre a pessoa que libertei hoje. Foi para isso que lhe pedi que me procurasse.

#### Forbes
Aqui estou ao dispor de V. S.

#### Eugênio
Há quantos anos possuía o senhor...?

#### Forbes
A minha escrava Marta?... Há de haver perto... ou talvez mais de trinta anos.

#### Eugênio
De quem a comprou?

#### Forbes
Comprei-a, juntamente com um filho, a certo negociante, que *quebrou* na mesma ocasião em que os vendeu. Até creio que, por causa dessa venda, foi ele condenado como estelionatário, por ter subtraído e vendido clandestinamente bens sujeitos à massa falida.

EUGÊNIO
E sabe que destino teve esse homem?

FORBES
Foi pronunciado na Bahia, em... mil oitocentos e trinta e tantos; e para escapar à vindita da lei, fugiu aqui para esta capital. Creio que morreu há muito tempo! V. S. está incomodado!...

EUGÊNIO
(*ansioso*)
E... o que foi feito do filho de Marta?

FORBES
Vendi-o aqui para o Rio; era um mulatinho endiabrado! Não o pude suportar!

EUGÊNIO
E nunca teve notícias dele?

FORBES
(*fitando-o*)
O Sr. Comendador interessa-se singularmente pelo filho de Marta! Pois, sobre a sorte desse pequeno, nada posso dizer a V. S.; nunca tive a menor informação a tal respeito. (*pequena pausa*)

EUGÊNIO
Há de desculpar-me o incômodo que lhe dei; (*erguem-se*) estou satisfeito.

FORBES
Incômodo nenhum. Mesmo eu tinha de procurar a V. S. para comunicar-lhe que... (*tira um maço de*

*notas, do bolso*) Refleti melhor; não me convém aceitar só dois contos de réis pela liberdade da minha escrava... (*apresenta o dinheiro a Eugênio*)

EUGÊNIO
(*sem tomar o dinheiro*)
Não lhe convém?!

FORBES
Não, senhor. (*põe o dinheiro sobre a mesa*) É muito pouco.

EUGÊNIO
(*surpreso*)
Pouco!... dois contos de réis!

FORBES
Vinte que fossem, não era coisa alguma!

EUGÊNIO
Vinte?! (*encara-o muito admirado*) O senhor está louco?!

FORBES
(*friamente*)
Louco estaria eu, se aceitasse semelhante bagatela!

EUGÊNIO
Pois, senhor, faça o favor de guardar o seu dinheiro, e...

FORBES
Não, senhor; e uma vez que não nos ajustamos no preço, tenha a bondade de restituir-me a carta, e mandar vir a parda, que a quero levar.

EUGÊNIO

Levá-la! Isso nunca! O senhor já não tem direito algum sobre ela!

FORBES

Essa agora!...

EUGÊNIO

Essa mulher é livre...

FORBES
(*perturbando-se*)

Livre!...

EUGÊNIO

A carta da sua liberdade ficou hoje registrada nas notas do cartório do tabelião Castro.

FORBES
(*visivelmente contrariado*)

Registrada! (*ergue-se*)

EUGÊNIO

Cumpri lealmente aquilo que tratamos; não posso ser responsável pelas intermitências da sua vontade.

FORBES
(*com cólera mal disfarçada*)

E acha V. S. que eu estarei sujeito à sua? Está muito enganado, meu caro senhor! Não me deixarei expoliar do meu direito de propriedade, sem que a questão se discuta em público!

Eugênio
(*perturbado*)
E o que tenho eu a recear em semelhante discussão? (*pequena pausa*) Acha pequena a quantia que arbitrou para o resgate da sua escrava? Pois, em consideração a essa desventurada, dar-lhe-ei mais um... (*Forbes fica impassível*) dois... (*desorientando-se*) três contos de réis!

Forbes
(*friamente*)
É pouco.

Eugênio
(*surpreso*)
Ainda acha pouco?!

Forbes
É mesmo uma ridicularia. (*assenta-se*)

Eugênio
(*indignado*)
Se o senhor não está doido, está...

Forbes
(*sorrindo-se*)
Embriagado?... Pode concluir a frase; em discussões sobre negócios, nunca me dou por ofendido. No entanto, para validar o que tratarmos, devo assegurar a V. S. que não me acho em nenhum desses deploráveis estados.

Eugênio
Então, não compreendo as suas exigências. (*assenta-se*) Faça o favor de retirar-se por onde entrou.

FORBES

Menos viveza em suas palavras, Sr. Eugênio S. Salvador! Reflita na singularíssima posição em que se acha, e veja que deve-me...

EUGÊNIO
(*ergue-se encolerizado*)
Eu, nada lhe devo! Já lhe disse que guardasse o seu dinheiro, e se retirasse! (*passeia muito agitado*)

FORBES
Nada me deve?! (*ergue-se*) Já que V. S. é tão falto de memória, irei perguntar à filha do ladrão Olímpio Torres...

EUGÊNIO
(*avançando furioso para Forbes*)
Miserável!...

FORBES
(*sem se alterar*)
Por quanto deve seu marido comprar o segredo do seu ex-escravo Eugênio...

EUGÊNIO
Senhor!...

FORBES
Filho da minha escrava Marta!

EUGÊNIO
(*suplicante*)
Basta!... nem mais uma palavra!... Oh!... (*deixa-se cair sobre uma poltrona; pequena pausa; Forbes*

*contempla-o ironicamente*) Não!... (*ergue-se bruscamente*) não é possível!... Com que documentos prova o senhor o que acaba de dizer?

FORBES

Com o papel de compra, de Marta e de seu filho, passado e assinado pelo próprio Olímpio Torres, que mos vendeu.

EUGÊNIO

E o que exige por esse papel?... Diga-o com franqueza... com audácia mesmo...

FORBES

Já que me permite... vou ser franco: dos meus perdidos cabedais, só me ficaram dívidas, ruins paixões... vícios mesmo...

EUGÊNIO

(*amargamente*)

Que pretende alimentar à custa de uma revelação fatal?...

FORBES

Não direi que tenciono alimentar as minhas perniciosas paixões à custa do segredo do meu ex-escravo Eugênio. (*respeitoso*) Constituo porém, meu banqueiro, o Sr. Eugênio S. Salvador. (*intencional*) Os títulos e as garantias do meu capital, estão em lugar seguro. E, creia V. S., que terei sempre em vista o preceito: *Usar, mas não abusar!* Se quiser dar-me os dois contos de réis... por conta... (*Eugênio empurra-lhe o dinheiro, que ele guarda*) Quanto ao mais... quando eu precisar...

Eugênio
(*toca no tímpano*)
Desculpe... preciso ficar só.

Forbes
(*pegando no chapéu*)
Oh! Sr. Comendador! V. S. está em sua casa!...

## Cena VI

*Os mesmos e* Pedro

Eugênio
(*a Pedro*)
Acompanhe o senhor, até a escada.

Forbes
(*cumprimentando*)
Sr. S. Salvador!...

## Cena VII

*Os mesmos e o* Visconde, *pelo fundo*

Visconde
Desculpe, Comendador!... Só agora soube que... (*vê Forbes*) O senhor aqui?!...

Forbes
(*intencional*)
De que se admira, Sr. Visconde?... Não está também V. Exa.? Ora!... (*sai pela porta por onde entrou, acompanhado por Pedro*)

**Cena VIII**

Eugênio *e o* Visconde

Visconde
Não supunha este homem na sua intimidade!

Eugênio
Não sei por que V. Exa. diz isso.

Visconde
Aqui!... no seu gabinete!

Eugênio
(*friamente*)
Também V. Exa. honra neste momento o meu gabinete, sem que eu o conte no número dos meus íntimos!

Visconde
(*afetando dignidade*)
Consinta que eu repila o paralelo que parece estabelecer entre a minha pessoa e um tal tratante! Se aquele homem tem a felicidade de ser do número dos seus amigos, declino dessa honra! A minha categoria...

Eugênio
(*secamente*)
As relações que existem entre mim e o Sr. Visconde não o autorizam a censurar os meus atos. Só o conheço há algumas horas, se é, como diz, um

*tratante*, o seu próprio interesse o fará não ser comigo. É esta a explicação única que posso dar à suscetibilidade de V. Exa., e dos meus *oficiosos*!

####### Visconde
Como! pois o Comendador formalizou-se?!

####### Eugênio
Não, Sr. Visconde; salvo se V. Exa. chama *formalizar-me* o não querer eu comunicar-lhe os meus negócios particulares.

### Cena IX

*Os mesmos e o* Barão

####### Barão
(*pelo fundo*)
Eis-me aqui, Eugênio... O que tens? estás agitado...

####### Visconde
Não é nada, Barão! Tivemos uma ligeira controvérsia, mas já nos achamos de perfeito acordo, e, amigos como sempre! Bem sabe, que entre pessoas da *nossa roda*...

####### Eugênio
(*ao Visconde*)
Se V. Exa. dá-me licença... preciso falar ao meu amigo.

VISCONDE
Cerimônias comigo, meu caro! eu me retiro. Nós outros fidalgos não costumamos ser importunos! Até já, Comendador!... Barão!... (*sai*)

## Cena X

EUGÊNIO *e o* BARÃO

BARÃO
Se este homem não fosse a personificação da estupidez, sê-lo-ia da fatuidade e do ridículo! Vou contar-te o que ele me comunicou esta manhã; prepara-te para rir... Mas, o que tens? Estás com fisionomia tão transtornada!

EUGÊNIO
Estou perdido, Barão!

BARÃO
Perdido! O que te aconteceu?

EUGÊNIO
Minha mãe está nesta casa.

BARÃO
(*assombrado*)
Tua mãe!! Como sabes?... Quem a trouxe?...

EUGÊNIO
Deus, ou a Fatalidade!... É a escrava que libertei esta manhã.

BARÃO

O que dizes?! (*encara-o e pega-lhe na mão*) Estás sob a influência de um acesso febril... Vem para a sala distrair-te.

EUGÊNIO

Não tenho febre, nem deliro. É minha mãe. Conheci-a, no momento em que fui por ela reconhecido. E... repeli-a!... reneguei-a!...

BARÃO

À tua mãe?!...

EUGÊNIO

Foi uma indignidade... um crime! bem o sei! Fiquei impassível ante a dolorosa agonia desse coração que voava para mim... fiz mais: minha mulher, minha filha, amigos, esse Forbes, tinham todas as vistas sobre mim; temi uma revelação humilhante, e... confundi-a entre os meus criados... Oh! sou um filho indigno!... um ingrato!

BARÃO

(*sentido*)
Não esperava de ti semelhante proceder!

EUGÊNIO

E a desonra que sobre mim pesaria, se soubessem que sou filho de uma escrava?! Que fui... Cativo! eu?... (*desesperado*) Oh!...

BARÃO

Conta-me como se passou esse caso. (*assenta-se*)

#### Eugênio
Antônio Forbes estava presente quando nos reconhecemos e a nossa comoção, sem dúvida, lhe denunciou a verdade. Não sei se ele também me reconheceu; só sei que está senhor do meu funesto segredo, e que pretende tirar dele todo o partido possível.

#### Barão
Que desgraçada ocorrência!

#### Eugênio
E, como se não bastasse o horror do sucesso que me acabrunha, vem ainda uma terrível circunstância complicar mais a minha situação! Paulina é filha do primeiro senhor de... Marta.

#### Barão
*(ergue-se)*
É possível?!

#### Eugênio
Marta e seu filho foram os objetos que ocasionaram a ruína do infeliz Torres!

#### Barão
O que estás a dizer, Eugênio!

#### Eugênio
A verdade, autorizada pelas informações de Antônio Forbes, as quais coincidem com as poucas reminiscências que eu conservo do passado.

BARÃO
(*consternado*)
A ser assim, é uma horrível desgraça! (*assenta-se; Eugênio passeia tristemente*) Quem sabe se não és vítima de alguma especulação dessas criaturas, que guiadas por algum indício da verdade...

EUGÊNIO
(*meneia tristemente a cabeça*)
Marta não fingiu. O brado que soltou, quando me reconheceu, só podia sair da alma de uma mãe!

BARÃO
(*ergue-se*)
E se ambos se houvessem enganado? Se uma fortuita semelhança... Olha que se joga uma tremenda partida sobre o teu destino!

EUGÊNIO
Não nos enganamos; o coração mo diz.

BARÃO
Então, repito, é uma grande desgraça!

EUGÊNIO
Do que serve, pois, ter-me elevado a esse pedestal, erigido pela consideração social, se um imprevisto revés da sorte me vai dele fulminar! Oh!... Deus não é justo!

BARÃO
(*severo*)
Também descrente?!

#### Eugênio
Barão!...

#### Barão
Entendes que para a felicidade do homem basta-lhe só sacrificar ao seu egoísmo e aos preconceitos do mundo, os seus mais sagrados deveres? Enganaste; é preciso, antes de tudo, o temor de Deus, e *fé* na sua bondade! Duvidas da sua justiça? Desvia os olhos das paixões mundanas que te toldam o espírito, e vê-las-ás pairar sobre a tua própria cabeça!

#### Eugênio
(*tristemente*)
Se conhecesse a força do golpe que me abate!...

#### Barão
E não me fere ele também na afeição que te consagro? Sabes se te estimo; com a liberdade que te dei, adquiriste um pai, ao qual tornaste mais suportável a solidão de uma vida sem afetos e sem laços de família. Não quero ouvir-te blasfemar, juntando à fraqueza de ânimo a impiedade do coração!

#### Eugênio
Perdão, meu bom pai!

#### Barão
Porém... (*assentam-se*) Como é crível que não tenhas reconhecido no retrato de teu sogro, o homem em cuja casa nasceste?

#### Eugênio
Não tenho a menor idéia de suas feições, assim como não me recordo de ter nunca visto esse Forbes, que, segundo o seu dizer, foi quem mandou o infeliz filho de Marta para o Rio de Janeiro.

#### Barão
E que provas tem esse homem?...

#### Eugênio
Um papel de... compra! Documento assaz valioso, que o torna senhor da minha felicidade e da minha honra!

#### Barão
Da tua honra, não! Se nasceste escravo, não deixas por isso de ser honrado. Não é a condição que desonra o homem, são os seus próprios atos!

#### Eugênio
Porém, como aceitará Paulina a minha infelicidade?... E minha filha? Oh!... se perco a ternura desses dois anjos!...

#### Barão
Não te deixes abater, quando mais precisas de energia! Já que a adversidade te manda tão dolorosa prova, aceita-a corajoso! Luta... e vence!

#### Eugênio
(*desanimado*)
Lutar?... Tudo se junta para perder-me. Quem me afiança a discrição de Antônio Forbes? O que

aconselhará o despeito ao coração dessa desventurada tão atrozmente repelida por mim?

BARÃO

Como julgas mal, esses *seres*, que chamariam – anjos – se não se chamassem – mães!... – Despeito em uma mãe?... Abre os braços à pobre Marta...

EUGÊNIO
(*interrompendo*)
Não!... Se o fizesse, cair-me-iam neles todas as irrisões da sociedade!

BARÃO

Queres então sacrificar a tais preconceitos, a felicidade de tua mãe, e o sossego da tua consciência? (*ergue-se severo*) Que idéia fazes tu da honra, Eugênio?!...

EUGÊNIO

Expor-me ao desprezo da mulher a quem amo?

BARÃO

E... Qual é o interesse desse homem, guardando o papel que te compromete?

EUGÊNIO

Obrigar-me a satisfazer-lhe as ambiciosas exigências; ele próprio o confessou.

BARÃO

A questão, pois, milita sob um princípio: o *ouro*, não é assim? Ameaça-te, para que lhe dês dinheiro?

#### Eugênio

Sim, e muito!

#### Barão

Por que te julgas então um homem perdido? Se ele quer dinheiro, dá-lho! De que nos serviria a riqueza, se ela não fosse o *poder moderador*, para onde apelam as paixões dos homens? Compra a peso de ouro o teu segredo! Faz esse Forbes teu amigo pelo reconhecimento, ou teu escravo pela ambição!

#### Eugênio

E Paulina?

#### Barão

Paulina ama-te bastante, para sujeitar-se à tua sorte. Conta-lhe tudo.

#### Eugênio

Nunca! Morreria de vergonha antes de pronunciar a primeira palavra! Pois eu, quero ser respeitado por ela, hei de ir depor a seus pés uma fronte envilecida pelo ferrete da escravidão?... (*pequena pausa*) Diz bem, meu amigo, devo lutar! Será uma luta grandiosa, entre a fraqueza do homem e a onipotência do destino, porém... vencerei!

#### Barão

Muito bem! É assim que te quero ver! Não é com vãs lamentações que se repelem os ataques da adversidade! Combate-se enquanto há elementos para isso!

Eugênio
E... Marta?...

Barão
Não és bastante rico para lhe proporcionares uma existência feliz?

Eugênio
Longe de mim, exposta à curiosidade do mundo? É impossível!

Barão
(*indignado*)
Impossível!... Tens um coração duro e ingrato! (*passeia e pára*) Amanhã falaremos sobre isto. Vem para a sala que a tua ausência já deve ter sido notada.

Eugênio
Aparecer neste estado de perturbação? (*Marta aparece à porta*)

Barão
Pois acalma-te, e vem depois; eu vou para perto dos teus amigos. (*sai. Marta aproxima-se*)

### Cena XI

Eugênio *e* Marta

Eugênio
(*apercebendo-a*)
O que vem fazer aqui?...

MARTA
(*muito comovida*)
Meu filho!... (*súplice*) Agora que estamos sós... uma palavra ao menos...

EUGÊNIO
Nada tenho a ouvir, nem a dizer!... Já lhe disse, que... não a conheço!

MARTA
(*amargamente*)
Não me conheces?... Oxalá que assim fora! não prantearia com lágrimas de sangue a tua crueldade!

EUGÊNIO
(*perturbado*)
Senhora!...

MARTA
(*ressentida e penalizada*)
É possível que a tua opulência, e o esplendor da tua posição, sejam causas para que renegues aquela que te alimentou com o sangue das suas veias? (*enternecendo-se*) Que te ajudou a dar os primeiros passos na vida, e te ensinou a balbuciar a primeira oração a Deus?...

EUGÊNIO
(*em grande luta de sentimentos*)
Basta... basta!...

MARTA
(*súplice*)
Chama-me tua mãe!... (*olha em torno da sala*) Tua mãe!... (*com muita ternura*) Filho de minha alma!...

Oh...! (*quer pegar na mão de Eugênio; este que tem estado em grande agitação, afasta-se vivamente*)

EUGÊNIO
Repito-lhe que... está enganada!

MARTA
(*com amargura*)
Enganada?! Crês tu, que um coração de mãe se possa enganar? Julgas que o íntimo de um seio de mulher, estremeça sem ser pelo ente a quem gerou?... (*Eugênio encaminha-se para o fundo. Marta toma-lhe a passagem*) Filho! (*em lágrimas*) Meu filho! não me fujas! Atende à mísera que te chamou nos longos dias de vinte e nove anos! A única consolação que eu tinha nas minhas cruéis aflições, era a esperança de um dia encontrar-te, e unir-te ao meu seio! (*Eugênio olha desassossegado para as portas*) Vejo que é o receio que te faz fugir dos meus braços... sim, tu me hás reconhecido... a tua comoção mo diz.

EUGÊNIO
(*em crescente comoção*)
Deixe-me, senhora!... preciso ficar só...

MARTA
(*agarrando-lhe na mão*)
Eugênio!... (*quer abraçá-lo*)

EUGÊNIO
(*revestindo-se de ânimo, e repelindo-a*)
Esse Eugênio... morreu para a senhora!

MARTA
*(com grande angústia)*
Oh!... Meu Deus!... Meu Deus!... (*cai desmaiada nos braços de Eugênio, que a ampara. Paulina vem entrando pelo fundo, e ao vê-los, pára poucos passos muito maravilhada*)

FIM DO ATO SEGUNDO

ATO TERCEIRO

(*Em casa de Eugênio, a 6 de setembro de manhã. A mesma decoração do 1.º ato.*)

### Cena I

BARÃO *e* PAULINA, *assentados*

BARÃO
Repito-lhe, minha filha: seu marido não lhe merece semelhante tratamento...

PAULINA
Eu não o trato mal; se ando triste, é porque não me posso contrafazer; não sei fingir.

BARÃO
E por que anda triste? Eu não lhe aconselho o fingimento, nem quero que se contrafaça. Seja ale-

gre, francamente, sem esforço, como outrora! Mostre-se prazenteira, expansiva... Se soubesse o quanto uma mulher se torna interessante com a sua meiguice e amabilidade? Veja como se tem deixado abater! Já não trata de si com aquele cuidado... tem a fisionomia tão mortificada!

PAULINA
(*forcejando para não chorar*)
Meu amigo!

BARÃO
Está com o coração opresso e a nadar-lhe em lágrimas... pois desafogue-o! Chore!... chore em presença do seu velho amigo, que sê-lo-á sempre, sincero e desvelado! (*Paulina prorrompe em soluços*) O que a aflige?... (*pega-lhe na mão*) O que a atormenta? Fale, seja franca comigo! (*pequena pausa*)

PAULINA
(*mais calma*)
Por que anda Eugênio tão triste? O que lhe hei feito para que ele busque sempre evitar-me?

BARÃO
Ele!... Evitá-la!... Que prevenção a guia do juízo que faz acerca do pobre Eugênio?

PAULINA
Prevenção?... Sempre tão preocupado, tão sombrio...

BARÃO

(*tristemente*)

Ora, minha filha! pois um homem na posição de seu marido, não tem, no giro dos seus negócios, coisas que o preocupem?

PAULINA

(*secamente*)

Está bom; mudemos de conversa. (*pequena pausa*) Ainda não pude saber a causa do desmaio de Marta, na noite em que Eugênio tanto insistiu para ficar só. Tem-me feito disso um mistério...

BARÃO

Algum achaque antigo, talvez...

PAULINA

E o que foi ela fazer ao gabinete de Eugênio, àquela hora?

BARÃO

Isso... nada quer dizer! É tão fácil dar-se qualquer caso que...

PAULINA

(*com ironia amarga*)

O Barão, é um amigo dedicado, ao último extremo!

BARÃO

(*com dignidade*)

Paulina! Acho-a incapaz de ofender o pai de seu marido! O que pensa? O que supõe?

PAULINA
Penso que em tudo isto existe um mistério indigno!

BARÃO
Os meus cabelos brancos, e a minha dedicação à sua felicidade, impõem-lhe o dever de dar crédito às minhas palavras. Seu esposo é credor de todo o seu afeto, e digno de toda a sua estima!

PAULINA
Que suplício de conjecturas! (*erguem-se à entrada de Eugênio*)

## Cena II

*Os mesmos e* EUGÊNIO

EUGÊNIO
(*apertando a mão do Barão*)
Bom dia, meu amigo!... Não sabia que estava aqui!

BARÃO
Cheguei há pouco!

PAULINA
(*ao Barão*)
Agora que o deixo acompanhado, dê-me licença; tenho que escrever algumas cartas. (*encaminha-se, e o Barão acompanha-a*)

BARÃO
(*à meia voz*)
A docilidade é a arma mais poderosa da mulher! (*Paulina sai*)

### Cena III

EUGÊNIO *e o* BARÃO

EUGÊNIO
Paulina estava comovida... O que lhe disse ela?

BARÃO
Nada; porém, eu compreendi muito. Tu te comprometes com as tuas inconveniências! Já muitas vezes te hei dito, que a presença de tua mãe nesta casa pode ser-te muito prejudicial! Nem sei como consentes que seja criada de tua filha!

EUGÊNIO
É ela quem assim o quer. Ama muito a Olímpia, e...

BARÃO
E reconhece a necessidade de um pretexto que justifique a sua presença na tua casa. É mister tirá-la de semelhante posição.

EUGÊNIO
Hoje, sinto que não posso viver longe dela! A natureza recobra enfim os seus direitos, e brada mais alto em meu coração, do que no meu espírito o temor dos escárnios sociais. (*roda um carro*)

BARÃO
Tendo-a fora daqui, podes vê-la, e torná-la feliz com a tua presença e os teus cuidados.

EUGÊNIO
E se Paulina souber das minhas visitas?

## Cena IV

*Os mesmos e* PEDRO

PEDRO
(*a Eugênio*)
O Sr. Visconde de Medeiros, manda perguntar se pode cumprimentar a V. S.

EUGÊNIO
Que faça o obséquio de entrar. (*sai Pedro*)

## Cena V

*Os mesmos, menos* PEDRO

BARÃO
Para que continuas a receber o Visconde, depois da formal recusa que lhe fizeste, da mão de tua filha?

EUGÊNIO
Crê que me sejam agradáveis as suas visitas? Procura-me, e a delicadeza impõe-me a benevolência.

## Cena VI

*Os mesmos e o* VISCONDE

VISCONDE
(*largando o chapéu*)
Ora, bom dia, meu caro S. Salvador! Oh!... o Barão por cá!... (*o Barão toma o chapéu e a bengala*) Como! Pois sai, com a minha chegada?

BARÃO
(*secamente*)
Já me dispunha a sair, quando V. Exa. entrou. Até a tarde, Eugênio. (*aperta-lhe a mão*) Adeus, Sr. Visconde. (*encaminha-se para o fundo, e Eugênio segue-o*) Pensa no que te disse. (*sai*)

### Cena VII

Eugênio e o Visconde

Visconde
O Comendador já sabe, que o Forbes apelou para a Relação? Diz o seu advogado, que tem certa a sua absolvição... o que não duvido! De ordinário, a balança da justiça pende para o lado dos velhacos! (*Eugênio apresenta-lhe cadeira, e assentam-se*) O abuso do patronato entre nós...

Eugênio
Se a Relação o absolver, é porque está inocente. Os caracteres dos magistrados respeitáveis de que se compõe esse venerando tribunal, repelem as insinuações que se notam nas palavras de V. Exa.

Visconde
Não faça a injustiça de supor-me em dúvida sobre a imparcialidade de tão ilibados funcionários da alta justiça! Bem vê, que entre fidalgos da nossa *plana*, não se deixa de atender a certo espírito de classe! Mas... se reformam a sentença daquele *tratante*...

Eugênio
Tenho notado em V. Exa. um tal escarniçamento contra esse homem...

Visconde
(*com ênfase*)
É o escarniçamento que todo o homem honrado tem contra o vício e a velhacaria.

Eugênio
(*friamente*)
Se V. Exa. quisesse expor-me o objeto da sua visita?

Visconde
Simplesmente cumprimentá-lo; sou muito *puritano*, naquilo que respeita ao cumprimento de deveres sociais, mormente entre pessoas na *nossa roda*! Uma vez satisfeitos esses deveres... (*erguem-se*) Não o quero importunar mais. Até outro dia, Comendador! (*pega no chapéu e encaminha-se para o fundo, Eugênio acompanha-o*) Nada de incômodos! Nós outros, fidalgos, dispensamos formalidades vulgares. (*sai*)

## Cena VIII

Eugênio *e depois* Paulina

(*Eugênio assenta-se no divã, toma um jornal, e percorre-o sem ler. Paulina entra com algumas cartas na mão, assenta-se perto da mesa e toca no tímpano.*)

Eugênio
(*vai para perto dela*)
Sempre dás a tua reunião amanhã?

Paulina
(*friamente*)
Se isso o não contrariar.

Eugênio
(*amável*)
De modo nenhum! Sabes que só estou contente quando te vejo satisfeita. São os teus convites?

Paulina
Os últimos que tenho para fazer.

## Cena IX

*Os mesmos e* Marta

Paulina
(*dando as cartas a Marta*)
Dê estas cartas a Pedro, para mandá-las ao seu destino. (*Marta, ao tomar as cartas, deixa cair algumas no chão e apressa-se em apanhá-las*) Então!... nada faz em ordem!... anda sempre abstrata!...

Marta
Desculpe-me, minha senhora; são coisas que acontecem.

PAULINA
(*com mau humor*)
Deixe-se de respostas! Vá fazer o que lhe disse!
(*Marta olha penalizada para Eugênio, que passeia tristemente pela sala, e sai*)

## Cena X

EUGÊNIO *e* PAULINA

EUGÊNIO
(*assenta-se perto de Paulina*)
És tão severa para com aquela pobre mulher!...

PAULINA
(*encarando-o fixamente*)
Acha isso?!

EUGÊNIO
Sem dúvida. A tua natural brandura para todos os teus servos, torna mais sensível, a rispidez com que a tratas.

PAULINA
(*friamente*)
Aceito as suas observações; farei todo o possível, para não desgostá-lo neste ponto.

EUGÊNIO
Em que tom, me falas tu, Paulina! (*pega-lhe na mão.*) Estás doente?

PAULINA

Alguma coisa.

EUGÊNIO

Talvez as minhas palavras sobre Marta, te contrariassem; porém, sei que não gostas de maltratar a pessoa alguma, e vejo que ela se mortifica quando a tratas com dureza.

PAULINA

Se não está satisfeita aqui, por que não se retira? Não é livre?

EUGÊNIO
(*descontente*)

Realmente, Paulina! estou desconhecendo-te! Sabes que ela não nos quer deixar; afeiçoou-se de tal modo, a Olímpia, a quem, diz ela, deve a liberdade, que fora cruel, o despedi-la.

## Cena X

*Os mesmos e* MARTA

PAULINA
(*vendo Marta*)

Quem a chamou aqui?

MARTA

Já entreguei as cartas, e venho saber se a senhora tem algumas ordens a dar-me. (*Eugênio toma de novo o jornal*)

PAULINA
(*zangada*)
É preciso coibir-se do mau costume de apresentar-se, sempre, onde não a chamam! Já me aborrece tanta solicitude! Diga a Luís, que prepare o necessário para me vestir de preto. (*Marta sai*)

## Cena XII

EUGÊNIO *e* PAULINA
(*Paulina vai até a janela, e volta a assentar-se*)

EUGÊNIO
Já sei que vais à missa da Cruz. Queres que te acompanhe?

PAULINA
Ser-lhe-ia um passeio muito aborrecido!... Além de algumas compras que preciso fazer, tenho ainda de visitar a muitas das nossas pensionistas!

EUGÊNIO
Minha piedosa Paulina! (*beija-lhe a mão*)

## Cena XIII

*Os mesmos e* OLÍMPIA

OLÍMPIA
Ora graças a Deus! já os vejo juntos e satisfeitos! Há quanto tempo, papai não beija a mão de mamãe?

EUGÊNIO
Sempre, minha linda, sempre!

PAULINA
Teu pai já pouco se ocupa com tais puerilidades!

EUGÊNIO
Como és má, e injusta comigo, Paulina!

OLÍMPIA
Então!... ainda temos *rusgas*? Ora muito bem! Saibam que eu não gosto de os ver arrufados! É uma coisa tão feia, num casal tão bonito! Mamãe? Eu não vou também me vestir?

PAULINA
Para quê?

OLÍMPIA
Nunca vou à missa da Piedade, nem dou esmola aos pobres!...

PAULINA
Todo o teu dinheiro é pouco para ninharias da rua do Ouvidor.

EUGÊNIO
Para praticar o bem, nunca faltam elementos. (*tira da carteira algumas notas que dá a Olímpia*) Eis aqui, para os pobres, e para a rua do Ouvidor.

OLÍMPIA
(*transportada, abraçando-o*)
É meu papaizinho!

Eugênio
(*sorrindo-se*)
Interesseira! (*beija-a na testa*) Vai-te vestir: (*Olímpia hesita e olha receosa para Paulina*) então, já não queres ir à missa?

Olímpia
(*à meia voz*)
E se mamãe ralhar, por eu perder as lições de música e de francês?

Eugênio
(*alto*)
Não te há de ralhar. O desejo de tornar-te *enciclopédica*, não a fará ter-te reclusa todas as semanas do mês.

Paulina
Estou hoje bem infeliz! não lhe mereço senão repreensões! (*sai arrebatada*)

## Cena XIV

Eugênio *e* Olímpia

Olímpia
(*pesarosa*)
Como!... papai repreendeu-a?!

Eugênio
(*triste*)
Pedi-lhe simplesmente uma coisa, e, como agora, interpretou mal a minha intenção.

OLÍMPIA
Eu não sei o que a mamãe tem! Anda sempre de tão mau humor, que já não me atrevo a gracejar, nem a pedir-lhe nada! (*triste*) Isto assim, entristece a gente.

EUGÊNIO
(*fá-la sentar perto de si*)
Dize-me uma coisa: estás satisfeita com a tua aia?

OLÍMPIA
Pois não, papai, muito!

EUGÊNIO
Desejo que a trates, mais como amiga do que como criada. É muito bonito numa menina respeitar os mais velhos, e aqueles que lhe consagram afeição!

OLÍMPIA
Pois papai não vê como eu estimo a Sra. Marta? Se ela me quer tanto!... Tem tanto cuidado em tudo quanto é meu!... faz-me todas as vontades... Como sabe que eu gosto muito de doces e de flores, gasta quase tudo quanto ganha em comprar-me uma e outra coisa! Eu não sei por que a mamãe não gosta da Sra. Marta! Nada do que ela faz lhe agrada! Está sempre a zangar-se...

EUGÊNIO
Tua mãe anda doente; é do seu estado de saúde que nasce essa impaciência.

OLÍMPIA
E anda também aflita; tenho-a visto chorar...

EUGÊNIO
Ela?! (*erguem-se*)

## Cena XV

*Os mesmos e* MARTA

MARTA
Minha menina, venha vestir-se.

OLÍMPIA
Ai!... pois não ia-me esquecendo?... (*Marta olha com ternura para Eugênio; Paulina que entra surpreende esse olhar*)

## Cena XVI

*Os mesmos e* PAULINA
(*vestida de preto, com o chapéu e as luvas na mão*)

PAULINA
(*pondo o chapéu e as luvas na mesa*)
Então, Olímpia! Ainda estás desse modo?

OLÍMPIA
Eu vou já, mamãe! Entretive-me a conversar com papai... mas, a Sra. Marta veste-me num instante. (*sai acompanhada por Marta*)

## Cena XVII

EUGÊNIO *e* PAULINA

PAULINA
Admiro a sua insistência, em querer que Olímpia seja servida por aquela mulher! (*assenta-se*)

EUGÊNIO
Admiras-te de uma coisa muito natural. (*assenta-se perto*)

PAULINA
Acha muito natural, que nossa filha tenha constantemente junto a si uma criatura, de cuja vida não temos o menor conhecimento?

EUGÊNIO
Não desejo contrariar-te; conversaremos com Olímpia, e se não estiver satisfeita...

PAULINA
Isso não é mais do que uma evasiva! Bem sabemos que Marta insinuou-se por tal modo no espírito dessa menina, que ela não tolera os serviços de mais ninguém.

EUGÊNIO
Então por que te incomodas com semelhante coisa?

PAULINA
E a moralidade, Eugênio?

EUGÊNIO
A moralidade?!

PAULINA

Não tens em conta alguma a pureza de nossa filha? Uma menina tão ingênua, tão inocente, entregue à convivência de uma criada, da qual ignoramos os precedentes?

EUGÊNIO

Não és razoável. Conhecemos acaso, os precedentes e a moralidade dessas criaturas que mandamos buscar a bordo de uma embarcação, ou nos lugares indicados nos anúncios do *Jornal do Comércio*?

PAULINA

Ao menos, são mulheres que nasceram livres.

EUGÊNIO
(*acrimonioso*)
E, por conseqüência, moralizadas?

PAULINA

Quando não o são, o instinto, e o trato da gente civilizada, lhes aconselha a decência precisa para se apresentarem como tais.

EUGÊNIO
(*impacientando-se*)

Paulina!

PAULINA
(*irritando-se*)
Quero essa mulher fora desta casa imediatamente! (*erguem-se*)

EUGÊNIO
(*contendo-se*)
Porém já te fiz ver que isso seria uma crueldade! Foi para piorar a sua situação que a libertamos? Bem sabes que não tem conhecimento algum no Rio de Janeiro...

PAULINA
Não lhe faltarão casas onde se empregue.

EUGÊNIO
E Olímpia, que não a quer dispensar?

PAULINA
Fá-la-ei dispensar. Uma criança não tem vontades.

EUGÊNIO
(*com firmeza*)
O que exiges é impossível... por ora.

PAULINA
(*encolerizada*)
Impossível!

MATILDE
Dão licença?

EUGÊNIO
(*serenando-se rapidamente
e indo recebê-la*)
Oh! minha senhora!

## Cena XVIII

*Os mesmos e* MATILDE

MATILDE
(*aperta a mão de Eugênio*)
Bom dia, meu amigo! Paulina... (*beija-a*) O que tem? Está com o rosto tão alterado? Está doente?

PAULINA
Um pouco.

MATILDE
E vai sair? Ah!... agora me lembro... hoje é dia das suas piedosas excursões! (*Paulina toma-lhe o chapéu*) A beneficência é uma bela virtude! Até presta àqueles que a praticam um certo *quê* tão *mavioso*... Já reparou, meu amigo, como Paulina está de uma beleza tão tocante, com aqueles vestidos negros?

EUGÊNIO
(*olhando para Paulina com ternura*)
Se eu fosse escultor, tomá-la-ia para modelo das minhas estátuas da CARIDADE.

PAULINA
(*brevemente irônica*)
E o senhor, seria a FÉ?

EUGÊNIO
(*fitando-a com intenção*)
Sem dúvida!

MATILDE

Que duas sublimes *virtudes teologais*! Para completar o grupo (*olhando*) ali vem a ESPERANÇA... (*entra Olímpia*) E como vem *faceira*! (*ergue-se*)

## Cena XIX

*Os mesmos e* OLÍMPIA

OLÍMPIA

(*vestida de preto*)

Bom dia, Sra. D. Matilde... (*Matilde beija-a na face*) Já sei que nos faz companhia às visitas dos pobres?...

MATILDE

Não, minha menina; hoje tenho de tratar de interesses que me são caros. As conveniências do céu não nos devem impedir de olhar para as coisas cá da terra; porque, segundo o preceito do Supremo Instituidor da Caridade, a *bem entendida, deve principiar pelos de casa!* Diga-me uma coisa, meu amigo: durante a ausência de Paulina, a minha presença ser-lhe-á incômoda? (*Paulina põe o chapéu e calça as luvas*)

EUGÊNIO

Ao contrário, minha senhora, ela povoará a minha solidão!

MATILDE

Por tão lindas palavras, prometo abreviar a penitência, o mais que me for possível... Porém, meu

Deus! O que fiz eu a Paulina?... Nem ao menos me quer olhar!

PAULINA
Desculpe-me; estou com muitas dores de cabeça!

## Cena XX

*Os mesmos e* PEDRO

PEDRO
(*à porta*)
O carro já está pronto. (*sai*)

## Cena XXI

*Os mesmos, menos* PEDRO

PAULINA
(*apertando a mão a Matilde*)
Até a volta! (*sai precipitadamente*)

## Cena XXII

*Os mesmos, menos* PAULINA

OLÍMPIA
(*aflita*)
Oh! *senhores!* O que tem a mamãe?! Parece que vai chorando! Papai... (*beija-lhe a mão, e aperta a*

*de Matilde*) Até logo, Sra. D. Matilde… (*sai quase a correr*)


## Cena XXIII

EUGÊNIO *e* MATILDE
(*Eugênio assenta-se abatido, e fica silencioso alguns momentos*)

MATILDE
(*assenta-se perto de Eugênio*)
Tenho conhecido que entre os meus amigos já não reina aquela deliciosa harmonia de outrora!

EUGÊNIO
É verdade, Sra. D. Matilde; ao encanto do nosso trato tão íntimo e tão ameno, sucedeu o desgosto e o constrangimento!

MATILDE
E, poderei fazer alguma coisa em prol do seu sossego, e da sua felicidade? Tenho-o por um esposo digno de todo o afeto e estima; por conseqüência, nada arrisco em tentar a sua reconciliação com Paulina. Quer fazer-me a confidência dos seus pesares?

EUGÊNIO
Mereço a sua estima, mas a confidência que me pede, é impossível! Só lhe posso afirmar, que sou muito desgraçado!

MATILDE
Adivinho nesta fase da sua vida, um drama…

#### Eugênio
Cuja principal peripécia far-me-ia morrer de vergonha!

#### Matilde
(*surpresa*)
O que diz, meu amigo?!

#### Eugênio
(*mortificado*)
Oh!... poupe-me! (*pequena pausa*)

#### Matilde
Foi para tratar da felicidade dos meus amigos, que eu solicitei esta conversação; não me tache, portanto, de intrometida na sua vida íntima.

#### Eugênio
Fale, minha senhora.

#### Matilde
Marta foi o pomo da discórdia lançado à ventura e à calma desta casa, não é verdade?

#### Eugênio
Paulina odeia-a.

#### Matilde
O que lhe fez ela?

#### Eugênio
Nada; um infundado ciúme...

MATILDE
(*surpresa*)
Ciúme!... de uma mulher daquela idade?!...

EUGÊNIO
Maltrata-a... Até quer expeli-la desta casa!

MATILDE
Expeli-la!... isso seria muito malfeito! Não o consinta! Preciso conversar com Paulina; é mister que ela saiba, que essa a quem quer lançar fora de sua casa foi a companheira de infância de sua mãe!

EUGÊNIO
(*ergue-se sobressaltado*)
Como!... A senhora sabe?...

MATILDE
A história de Marta?... Conheci-a na Bahia, donde ela é filha, e logo a reconheci quando há dois meses a encontrei. (*Eugênio assenta-se*) O infortúnio pouco a tem desfigurado.

EUGÊNIO
E ela não a reconheceu?

MATILDE
Tenho a certeza que não. Em mim ficaram bem marcados os vestígios da passagem da desgraça!

EUGÊNIO
E a Paulina!

MATILDE

Não sei o que pense a tal respeito. Corações como o de Marta, nada esquecem daquilo que lhes foi caro; e ela afagou Paulina muitas vezes em seu seio. Alguma causa misteriosa a leva a fingir que não a conhece; tenho respeitado essa causa, nada revelando a Paulina. Marta é uma boa criatura, e é infeliz, como todo o ente, que, tendo a consciência do seu valor, se estorce nas agonias de uma forçada abjeção! (*pequena pausa*) Não acha uma bárbara irrisão do destino, o dom do espírito e da inteligência, em alguns indivíduos?

EUGÊNIO

Em certos casos, é, minha senhora.

MATILDE

Nem se deve desenvolver e frutificar tão funestos dons em um escravo. Para que revelar-se a uma moça cativa, condenada pela sua condição, aos mais grosseiros misteres, o que há de distinto e de elegante em conhecimentos e prendas, só próprias dos círculos elegantes? Marta está neste caso, foi vítima daqueles que a criaram. Educou-se com a filha de sua senhora no mesmo colégio, e aprendeu tudo quanto aquela estudou... até música e desenho! Quando a mãe de Paulina casou-se, levou-a em sua companhia, onde ela era tratada mais como amiga do que como escrava. Teria quatorze anos, quando um caixeiro chegou em casa, com promessas de libertá-la, e ser um dia seu esposo... A pobre rapariga deixou-se iludir...

EUGÊNIO
(*com mal disfarçada ansiedade*)
E... esse homem...

MATILDE
Casou-se com uma rica viúva, pouco antes de vir à luz o fruto da sua sedução.

EUGÊNIO
E ele... existe ainda?

MATILDE
Não sei; conheci-o só de nome. Mas, que grande malvado! Ah!... Devo uma grande reparação a Paulina, meu amigo!

EUGÊNIO
(*surpreso*)
A senhora?!

MATILDE
Não por mim; mas por meu marido. (*espanto em Eugênio*) Vou revelar-lhe o que nunca me atreverei a dizer a Paulina; receio perder a sua afeição.

EUGÊNIO
Pelo quê?...

MATILDE
Quando, logo ao começo das nossas relações, Paulina contou-me alguns fatos da sua vida, reconheci nela a vítima de uma horrível trama! Lembra-se do motivo que ocasionou a condenação de seu sogro?

EUGÊNIO
(*sombrio*)
Subtração de bens aos credores.

MATILDE
Pois esses bens foram Marta e seu filhinho... uma linda criança, perfeitamente branca! O que tem?...

EUGÊNIO
Nada, minha senhora; tenha a bondade de prosseguir.

MATILDE
Pois o infeliz Torres estava inocente do crime que lhe imputaram; não os havia vendido; havia-os libertado.

EUGÊNIO
(*erguendo-se*)
Libertado!... A ela?!

MATILDE
(*ergue-se*)
A mesma a quem o meu amigo forrou há dois meses.

EUGÊNIO
É isso exato?

MATILDE
Tenho provas incontestáveis.

EUGÊNIO
Logo, eles...

#### Matilde

Foram vítimas de um grande abuso... de um crime! Escute-me: (*assentam-se*) a mãe de Paulina, desejava ardentemente dar a liberdade a Marta. Porém, seu marido, que temia as conseqüências da inexperiência, concordou com os desejos de sua esposa, debaixo da condição de não ser ela instruída desse fato, senão quando se achasse já em idade provecta! Marta foi livre, e o segredo religiosamente guardado. Algum tempo depois, foi Torres obrigado a fazer ponto, e por uma fatal previdência, entregou a mãe e o filho, com os papéis que os restituía à sociedade, a um amigo em quem depositava grande confiança, recomendando-lhe o maior silêncio, até um prazo marcado.

#### Eugênio

E esse amigo...

#### Matilde

Inutilizou os documentos, e conservou-a em um cativeiro, que não se tornou mais ignóbil, por ser ela uma rapariga essencialmente virtuosa. Foi nesta época que a conheci.

#### Eugênio

E seu filho?

#### Matilde

Foi-lhe arrancado dos braços, e vendido aqui, para o Rio de Janeiro. A pobre mãe quase sucumbiu ao desespero! Escapou por milagre à morte, mas... enlouqueceu! A infeliz mulher, chamava a todos os momentos por seu filho, ao qual queria reunir-se no céu. (*enxuga os olhos*) Apesar de se terem passado tantos anos, não posso deixar de entristecer-me ao lembrar-me de seus sofrimentos!

#### Eugênio
Porém... A senhora não me disse ainda o nome desse falsário... desse ladrão!...

#### Matilde
(*triste*)
Não lhe disse há pouco que eu devia uma grande reparação a Paulina?

#### Eugênio
Então, o assassino da vida e da honra de Olímpio Torres... O monstro que reduziu à escravidão duas pessoas livres...

#### Matilde
Foi meu marido, Sr. Eugênio...

#### Eugênio
(*ergue-se*)
Seu marido!! (*rodar de carro*)

#### Matilde
(*ergue-se*)
Aquele que é hoje o procurador Antônio Forbes. (*vai à janela*)

#### Eugênio
Forbes!!

MATILDE
(*volta da janela apressada*)
Paulina já!... acalme-se, vou recebê-la. (*sai*)


### Cena XXIV

EUGÊNIO *e depois* MARTA

(*Eugênio passeia, procurando serenar-se; Marta aparece à porta e pára receosa*)

EUGÊNIO
(*apercebendo-a*)
Minha querida mãe!... (*cai-lhe aos pés*) Perdão! (*beija-lhe as mãos, a chorar*) Perdão!

MARTA
(*alegre e agitada, querendo erguê-lo*)
Meu Deus!... Será isto um sonho?...

EUGÊNIO
Hei de ainda torná-la tão feliz!... (*torna a beijar-lhe as mãos. Paulina vem entrando pelo fundo e pára fulminada pelo que vê*)

MARTA
E posso ser mais feliz do que sou neste momento? Ergue-te... deixa-me abraçar-te. (*Eugênio, ao erguer-se, vê Paulina, que se aproxima*)

EUGÊNIO
(*estremece e recua*)
Paulina!!!

MARTA

Ah!!

## Cena XXV

*Os mesmos e* PAULINA

PAULINA
(*com a voz trêmula de cólera*)
Exigi há pouco que despedisse esta criada; agora, peço-lhe que a conserve: é a mulher que lhe convém.
(*Olímpia e Matilde entram pelo fundo, no momento em que desce o pano*)

FIM DO ATO TERCEIRO

## ATO QUARTO

(*Casa de correção, a 7 de setembro, de manhã.*)
(*Sala com portas ao fundo e à direita; janelas gradeadas à esquerda; um banco. Ao levantar-se o pano, ouve-se por algum tempo cantar o* tantum ergo *com acompanhamento de órgão. A cena está vazia. Um guarda, de espaço a espaço, passeia pelo fundo.*)

### Cena I

O BARÃO, MATILDE *e um* GUARDA

GUARDA
O Sr. Diretor manda pedir a V. Exa. o obséquio de esperar, até acabar-se a missa. (*cumprimenta e sai. Cessa a música*)

### Cena II

BARÃO *e* MATILDE

#### Matilde
Faltou-me o tempo para comunicar a V. Exa. as circunstâncias que me obrigaram a pedir o favor da sua companhia até este lugar. Tenho de tratar de um objeto muito melindroso com Antônio Forbes, e preciso do auxílio de V. Exa.

#### Barão
A Sra. D. Matilde expõe-se a algum desgosto falando com semelhante homem!

#### Matilde
Vou instruir o Sr. Barão, de algumas particularidades que me afiançam o bom êxito da minha negociação. Conversemos um pouco. (*assentam-se*) Principio dizendo a V. Exa. que também sou muito amiga da família S. Salvador... até tenho por mim o direito da antiguidade. (*o Barão sorri-se*) O seu sorriso contesta o meu direito... (*gesto afirmativo do Barão*) Pelo quê? Por ter sido o Sr. Barão quem educou o menino Eugênio?

#### Barão
Tomei-o a meu cargo quando ele tinha apenas cinco anos.

#### Matilde
(*com expressão íntima*)
Pois eu, acariciei-o, ainda pendente do colo de sua mãe.

#### Barão
(*surpreso*)
V. Exa.?!

MATILDE

Embalei muitas vezes em meus joelhos o filhinho de Marta.

BARÃO
(*inquieto*)
Como!... V. Exa. sabe?!...

MATILDE
(*com intenção*)
*Tudo*, Sr. Barão!

BARÃO
E como teve conhecimento de uma coisa ignorada por todos?

MATILDE
A minha história quase que está ligada à da família S. Salvador. O pai de Paulina desceu ao túmulo desonrado por meu marido... Antônio Forbes...

BARÃO
Ele... seu marido!

MATILDE
Outrora... – A mãe de Eugênio, e eu, choramos muitas vezes os nossos mútuos desesperos!

BARÃO
Porém, nunca notei entre V. Exa. e Marta sinais dessas íntimas relações.

### Matilde

Ela não me reconheceu. Por todos daquela casa sou uma amiga de curta data, sendo-lhes, no entanto, bem dedicada! Impelida, pela amizade que consagro a essa família, tenho acompanhado os recentes episódios que se têm dado em sua vida. O Barão já teve notícia da ocorrência que se deu ontem de manhã, na casa do Comendador?

### Barão
(*triste*)
Estive com ele ontem à noite.

### Matilde

Pois a esse fato devo eu o conhecimento da origem dos dissabores de Eugênio e de Paulina. Que cena violentíssima, Santo Deus! Paulina injuriou atrozmente a pobre mulher, sem que Eugênio a pudesse defender. Tomei o partido da desventurada mãe, que se sacrificava, para não comprometer o silêncio de seu filho, mas... não fui generosa! a consciência mo diz. Abusei da efusão do seu reconhecimento; interroguei-a, e a pobre Marta, ao reconhecer-me, confessou-me os laços que a ligam a Eugênio. Coitada! Só sente o ter de separar-se de seu filho, deixando-o em tão dúbia posição no conceito da esposa!

### Barão
(*preocupado*)
Crê sinceramente que ela não a tivesse reconhecido?

#### Matilde

Creio. Estou tão diferente do que fui, que os meus próprios amigos, os mais íntimos, não me reconhecem hoje! V. Exa. mesmo há de ainda convencer-se desta verdade... Tornando à nossa prática: Eugênio é filho de Marta; V. Exa. o sabe; por conseqüência (*tira uns papéis do bolso do vestido*) tenha a bondade de entregar-lhe estes papéis... sem nomear-me; não quero que se vexe em minha presença. O Sr. Barão pode lê-los.

#### Barão
(*acabando de ler, muito admirado*)
A certidão da carta de liberdade de Marta!

#### Matilde

Passada e registrada num cartório, por seu senhor Olímpio Torres.

#### Barão
(*lendo de novo*)

Em 1827!

#### Matilde

Um ano antes do nascimento de Eugênio.

#### Barão

É possível!

#### Matilde

Queira ver a certidão de batismo de Eugênio, que foi extraída do livro da matriz onde foi batizado; confira as datas.

BARÃO

(*lendo atentamente o outro papel*)

"Eugênio... recém-nascido... 1828..." Um ano depois da liberdade de sua mãe! (*comovido*) V. Exa. é a Providência daqueles infelizes!

MATILDE

(*sorrindo-se*)

Custou-me bem pouco a representar tão belo papel! Bastou-me atender a um desses inexplicáveis pressentimentos que às vezes temos, mandando extrair essas duas certidões de assentamentos, que eu sabia que existiam.

BARÃO

E como é possível, que ela não soubesse que era livre?

MATILDE

Nunca lho disseram.

BARÃO

E quem é V. Exa. que assim está tão bem informada de tais particularidades?

MATILDE

(*encarando-o melancólica*)

Nada em mim o faz lembrar de alguma época notável da sua vida? (*o Barão contempla-a, e procura recordar-se*) Pois quê, Leopoldo!... nem a minha voz... nem o meu nome... lhe trazem à lembrança uma vítima da vontade paterna?...

BARÃO
(*ergue-se*)
Matilde!


MATILDE
(*erguendo-se*)
O coração da mulher é mais leal às recordações do seu primeiro afeto! Há muito que eu o havia reconhecido!


BARÃO
(*apertando a mão de Matilde entre as suas*)
Minha adorada amiga!


MATILDE
Creio que vem gente... (*vão ao fundo e voltam*) Findou a missa. (*passam os artesães, guardas, presos, empregados, etc.*) Infelizes! Ao menos não lhes falta o conforto da religião! (*entra Forbes conduzido por um guarda, que se retira e passeia pelo fundo*)


## Cena III

*Os mesmos e* ANTÔNIO FORBES


FORBES
(*reconhecendo-os*)
Matilde! O Sr. Barão de Maragogipe! (*com amargura*) Vieram escarnecer da minha miséria?... Exultar com a minha desgraça?...

MATILDE

Não, senhor; o que aqui nos traz é uma questão relativa à família S. Salvador.

FORBES
(*para Matilde*)

E a senhora... é também contra mim, numa situação em que me deveria valer a recordação de um passado...

MATILDE
(*interrompendo-o*)

Que esqueci completamente! De mim só tem a esperar alguma consideração para com o nome que já foi meu, se aquiescer ao que lhe viemos pedir.

FORBES
(*querendo pegar-lhe na mão*)

Matilde!

MATILDE
(*com dignidade*)

Respeite-me, senhor!

FORBES
(*ressentido e triste*)

Queiram dizer-me o fim da sua visita.

MATILDE

Antes de tratarmos disso, é mister que reflita na melindrosa posição em que se acha.

FORBES

Denunciaram-me como introdutor de moeda falsa, e como tal fui condenado... De alguns incidentes comprobativos, e do melhoramento repentino das minhas circunstâncias procedeu a minha condenação. Porém, estou inocente. Esses incidentes não passam de vagos indícios, e quanto ao meu melhoramento de circunstâncias... bastariam algumas palavras... (*sobressalto no Barão*) Tranqüilize-se V. Exa., já estou cansado de fazer mal! Basta a justiça da minha causa para justificar-me. O tribunal da Relação, há de atender à improcedência de semelhante julgamento.

MATILDE

E mesmo que seja absolvido, a sua consciência nada mais lhe diz? O mau esposo, o falso amigo, o motor da ruína de uma família inteira, contenta-se, felicita-se só com a absolvição dos homens?!

FORBES

Senhora!

MATILDE

Diz que já está cansado de fazer mal... Pois pratique uma boa ação! Faça alguma coisa em proveito da tranqüilidade do seu espírito, e da ventura daqueles que lhe devem todas as suas desgraças.

FORBES

Em que lhes posso eu ser útil?...

MATILDE

Dando um nome ao filho de Marta. (*espanto em Forbes*) Ele nunca foi escravo, o senhor bem sabe...

FORBES
(*vivamente*)
Isso é uma falsidade!

MATILDE
Falsidade!... E os documentos que provam a verdade do que eu digo?

FORBES
(*inquieto*)
Documentos?!...

BARÃO
(*dando-lhe os papéis*)
Ei-los. Não os inutilize; dar-me-ia o trabalho de nova extração.

FORBES
(*depois de lê-los*)
Oh!... Sempre vencido pela fatalidade! (*dá os papéis ao Barão*)

MATILDE
Pela justiça divina!

BARÃO
Compreende pois, que se for absolvido como introdutor de moeda falsa, será de novo julgado pelo crime de ter reduzido à escravidão duas pessoas livres. A lei é bem explícita nestes casos.

FORBES
(*abatido*)
Pois bem... o que exigem de mim?

MATILDE

A sociedade exige o nome de família do negociante S. Salvador; esse nome só o senhor lhe pode dar.

FORBES

Eu!... E de que modo?

MATILDE
(*ao Barão*)

Lembra-se, Sr. Barão, da queda da casa *Penafiel & Filhos*, e da causa que a motivou? (*Forbes perturba-se*)

BARÃO

Sim, minha senhora; foi o ter sido emitido em sua circulação grande número de contos de réis, em valores falsificados.

MATILDE

Pois o autor desse roubo, que permaneceu até hoje desconhecido de todos, menos de mim...

BARÃO

De V. Exa.!...

FORBES

Da senhora!...

MATILDE

Foi o próprio *gerente* dessa casa; meu marido foi seu cúmplice.

BARÃO
(*indignado*)

O senhor?!

FORBES
(*aterrado*)
E quem lhe revelou esse mistério?!

MATILDE
O senhor, nas expansões de sua embriaguez. Com as cartas que tem desse miserável, sobre a questão *Penafiel & Filhos*, obrigue-o a reparar a honra da mulher a quem seduziu; está viúvo, pode fazê-lo. E, apesar de um título, obtido por donativos feitos a uma nação estrangeira, será Marta quem descerá até ele.

FORBES
Conheço o seu orgulho; nunca a esposará.

BARÃO
Se não quer tomar sobre si este encargo, dê-me as cartas de que lhe fala a Sra. D. Matilde.

MATILDE
(*vivamente*)
Sim, dê as cartas ao Sr. Barão!

FORBES
Queimei-as.

MATILDE
(*com expressão*)
Antônio Forbes, espírito maléfico e previdente, destruir provas que perdiam a um seu cúmplice?!

BARÃO
Dê-me essas cartas, senhor; e quando S. Salvador tiver um nome, que não seja o da cidade onde

nasceu, dou-lhe a minha palavra de honra, que nada mais terá a recear, na questão de Marta.

FORBES

Juro-lhes que disse a verdade. Destruí esses papéis, porque neles estava o meu nome.

MATILDE
(*indignada*)

Quer então roubar um nome à filha, assim como infamou o do pai?

BARÃO

Ponha um termo às suas iniqüidades, e poupe-nos o dissabor de publicar fatos, que, conquanto enchessem de desgostos a Eugênio, livrariam a sociedade de um grande criminoso. (*Forbes mostra-se comovido*)

MATILDE
(*aflita*)

Dê-nos essas cartas... peço-lhas em nome de alguma coisa que ainda lhe seja sagrada no mundo!

FORBES
(*encarando-a com ternura e súplica*)
Matilde! (*Matilde afasta-se com desgosto*)

BARÃO

Faça o que lhe propõe a Sra. D. Matilde, que eu lhe prometo, se estiver inocente, abreviar a reforma da sua sentença; e, no dia em que recobrar a sua liberdade, dar-lhe-ei o capital necessário para viver, em qualquer parte da Europa, de um modo mais digno, e livre das tentações da miséria. (*Forbes está muito desanimado*) Recusará a vida tranqüila e honrada que lhe ofereço para o resto de seus dias?

FORBES

(*tristemente*)

O que é preciso fazer para convencê-los de que já destruí essas cartas? Queimei-as... creiam: e agora façam de mim o que quiserem.

MATILDE

Oh! meu bom Deus!... Aniquiladas todas as minhas esperanças?!... Isto faz descrer da Providência!

BARÃO

Não se desespere... Se este homem quiser ouvir a voz da sua consciência...

MATILDE

(*sorrindo amargamente*)

Consciência?!... Ele não a tem!

FORBES

(*ao Barão*)

E julga V. Exa. que já não tenho ouvido essa voz?

BARÃO

Por que não aproveita este ensejo, para tentar reabilitar-se?

FORBES

(*tristemente*)

Para mim, já não há reabilitação possível!

### Barão
Pode ao menos, parar na horrível trilha que tem seguido. Para que negar-nos o seu adjutório num empenho tão louvável?

### Forbes
O que desejam obter de mim é um impossível! Esse homem é hoje um titular.

### Barão
O que importa isso se de um momento para outro, pode o seu título ser trocado por um *número* nesta mesma casa?

### Matilde
Qual, Sr. Barão! Nada o move. Há organizações assim; há corações dominados pelo egoísmo da perversidade, que nada querem fazer em proveito da virtude!

### Barão
(*severo*)
Ceda ao menos à convicção de que do mal, só mal lhe resultará!

### Forbes
(*com sentimento*)
Se vinte anos de punição social, que se traduz pela miséria, pelo desprezo e execração dos homens, não tivessem vingado a sociedade do opróbrio sobre ela lançado, por um dos membros, tê-lo-iam feito estes dias – longos séculos! – de arrependimento passados no isolamento destes muros! As palavras

de V. Exa., mostram-me um futuro de paz e de esperança na misericórdia divina, e... não posso dar o primeiro passo na senda da regeneração moral! Repito... Esses funestos escritos queimei-os realmente. (*O Barão olha desanimado para Matilde*)

MATILDE

Não o creia, Sr. Barão! Isto não passa de uma ignóbil comédia!

FORBES
(*sentido*)

Comédia!... (*com amargura*) Com estas vestes e neste lugar?!... A senhora, cuja vida tem sido uma seqüência de ações virtuosas, não pode devassar os horrorosos mistérios de uma organização propensa ao mal, e a ele conduzida por péssimos agentes! Não concebe a possibilidade da luz do céu no meio do abismo! (*dirigindo-se também ao Barão*) Porém creiam-me: quando a consciência de um delinqüente percorre todos os seus arcanos, e sente penetrar em si o arrependimento, a alma resgata-se à condenação eterna, e entrega-se àquele de quem a recebemos pura e boa!

## Cena IV

*Os mesmos e o* GUARDA

GUARDA

O Sr. Diretor manda-lhe entregar isto. (*entrega-lhe um bilhete de visita dentro de uma sobrecarta não fechada*)

FORBES
V. Exa. dá licença? (*o Barão faz-lhe um sinal de assentimento. Forbes abre a carta, e lê o bilhete*) E a pessoa que me mandou este bilhete?

GUARDA
Está na sala do Sr. Diretor.

FORBES
Diga-lhe que estou às suas ordens. (*sai o Guarda*)

## Cena V

*Os mesmos, menos o* GUARDA

FORBES
Se me permitem que receba uma visita...

MATILDE
E as cartas?

FORBES
Já tive o desgosto de assegurar-lhes...

MATILDE
(*encolerizada*)
Oh! isto é o cúmulo de toda a indignidade!

BARÃO
(*severo*)
Esquece que está em nosso poder... ou antes em poder da *Leî*?

FORBES
(*inclina-se*)
Farei todo o possível para cumprir as ordens de V. Exa. (*afasta-se respeitoso, para dar passagem ao Barão e Matilde que saem pelo fundo*)

**Cena VI**

FORBES *e depois o* VISCONDE

FORBES
(*passeia alguns instantes muito preocupado; o Visconde aparece a uma porta lateral e olha receoso para dentro da sala*)
Pode entrar, Sr. Visconde. (*entra o Visconde*) V. Exa. compara esta sala com aquela onde se assentava à minha mesa, no tempo em que as suas visitas não se faziam esperar tanto?

VISCONDE
Se eu soubesse que o seu fim era pedir-me o preço de uma hospitalidade concedida a todo o *bicho careta*, tinha-me poupado ao enojo de aqui vir! Acha muito bonito que se saiba na *minha roda* que ando a visitar presos na correção? O que pretende de mim? Diga depressa!

FORBES
Mandei-o chamar, para pedir-lhe que aproveitasse as suas relações a favor do termo da minha apelação...

VISCONDE

Está doido?... Ora essa!... Comprometer-me a falar por você?... Expor-me aos comentários da *minha roda*, interessando-me por semelhante causa? O mais que lhe posso fazer – por filantropia – é pôr a minha bolsa à sua disposição... com as precisas restrições, já se sabe!

FORBES

Agradeço-lhe o *obséquio*; já mudei de propósito.

VISCONDE

E fez muito bem; nada temo tanto no mundo como as falsas interpretações!

FORBES
(*intencional*)
E o remorso?!

VISCONDE

Não o compreendo!...

FORBES

O remorso?... Deixemo-nos de jogo inútil de palavras, Sr. Fróes de Medeiros! Encaremos francamente as nossas posições, tão solidárias e tão diferentes...

VISCONDE

Aonde quer chegar você com esse *aranzel*?

FORBES

A esta conclusão: Deus existe! A Providência o revela em seus decretos!

VISCONDE
(*irônico*)
Sim!... Pois saiu-se agora com essa descoberta?!

FORBES
Descrê de Deus e da Providência?! Também eu não tinha em conta alguma estas supremas verdades! Deus era para mim uma palavra tradicional; a *consciência*, um simulacro de protesto quando queria autorizar algum ato reprovado; o *remorso*... Esse conheço-o agora! É o raio com que a Providência me fulmina, para fazer-me parar no vórtice de tantos crimes!

VISCONDE
Se quer convencer-me de todas essas coisas, veja se acha outros argumentos; porque, ou nada disso existe sobre as nossas cabeças, ou eu sou uma santa criatura! Nunca tive remorsos! Por aí não me leva aos seus fins.

FORBES
(*intencional*)
E pelo instinto da segurança individual?

VISCONDE
(*inquieto*)
Como?...

FORBES
Quis falar-lhe à alma... Homens que calcam aos pés os mais santos deveres, não a têm! As sacrílegas palavras que acaba de proferir assaz o provam.

VISCONDE
Ora... Basta de histórias!... diga o que quer?

FORBES
Há trinta e cinco anos que a sua incontinência abandonou no mundo dois infelizes em bem tristes condições! Uma mãe sem esposo, e um filho sem pai.

VISCONDE
(*cínico*)
São coisas tão comezinhas!... Por isso não há de a sociedade *excomungar-me* com os seus anátemas! Tenho muitos imitadores.

FORBES
(*solene*)
O que – para honra da humanidade – não tem muitos exemplos, é o fato de um pai, renegando o filho a quem gerara, roubar-lhe impiamente a liberdade que não soube dar-lhe, exigindo a sua venda...

VISCONDE
(*assustado*)
Cale-se!... Cale-se com os... Se quer alguma coisa...

FORBES
O senhor fez da minha má índole, o instrumento de todas as suas paixões! Arrastou-me ao charco de todas as impurezas morais, onde deixei bens, felicidade e honra! Levando-me a servi-lo em seus detestáveis cálculos pratiquei...

VISCONDE
(*cínico*)
Deixe-se de exagerar algumas travessuras de rapaz!

FORBES
(*indignado*)
Travessuras! Chama *travessura* o termos desonrado um homem virtuoso, roubando a liberdade de dois entes, que nos deviam ser sagrados por todos os princípios?

VISCONDE
(*um pouco embaraçado*)
Sim... sim... conheço que não tenho um passado muito puro!... Porém, deve-se desculpar as inconseqüências da mocidade!

FORBES
Pois a conseqüência dessas *inconseqüências*, é a reclamação do seu nome que lhe faz hoje Eugênio S. Salvador...

VISCONDE
(*surpreso*)
O quê?!... S. Salvador!!... Pois ele... é meu filho?!

FORBES
E de Marta, que exige a promessa que lhe foi feita há trinta e cinco anos.

VISCONDE
Que exige!... essa agora... é galante! Eu casado com... (*risos*) Ah!... ah!... ah!... Não está má a pilhéria!

FORBES
(*estupefato*)
Pilhéria?!

VISCONDE
Pois não! Admitindo mesmo que exista a tal paternidade, julga que eu hei de, por um tolo escrúpulo, desonrar o meu título dando-o a uma *liberta*?... Outro ofício, meu caro! Quem lhe encomendou o sermão que lho pague!... E eu aqui a perder o meu tempo... Enfim!... sempre lucrei alguma coisa! Fiquei sabendo que esse tal S. Salvador, tão pretensioso e tão bajulado, nada mais é do que um miserável bastardo, filho...

FORBES
(*exaltando-se*)
De um falsário! De um ladrão!

VISCONDE
(*indo para Forbes*)
Insolente!

FORBES
(*acalmando-se*)
Assoa-lhe também esta horrível verdade, Sr. Visconde de Medeiros! Para abater um caráter elevado e sobranceiro às ridículas pretensões da estupidez, patenteie a todos o segredo do filho do ex-gerente da casa *Penafiel & Filhos*!

VISCONDE
Oh! *Senhores!* E ele só a falar em coisas de que já ninguém se lembra!...

FORBES

De que ninguém se lembra?! Os fatos que acabo de apontar foram há pouco aqui rememorados.

VISCONDE
(*inquieto*)

Aqui?!

FORBES

O passado que se esquece, é só o bom, porque recorda feitos dignos e meritórios! O mau que inspira sentimentos de ódio e desprezo, e que imprime na fronte de um miserável o estigma da degradação, esse nunca se olvida! Pesa sempre sobre o orgulho do homem, até a sua última queda! As cartas que me escreveu sobre o negócio *Penafiel & Filhos* (*sobressalto no Visconde*) param nas mãos do Barão de Maragogipe!

VISCONDE

O que diz?! Pois essas malditas cartas... Sr. Forbes!... não brinque... Não fale em coisas que muito o podem prejudicar! Acabemos com esta embrulhada; já lhe disse, fale franco, e deixe-se de invenções! Essas cartas não existem... o senhor mesmo mo afirmou.

FORBES

Menti-lhe... Existem, e acabo de entregá-las ao Barão, pela minha liberdade e pelo meu futuro.

VISCONDE
(*com desprezo*)

Vendeu-as?

FORBES
(*calmo*)

Troquei-as.

VISCONDE

E para que quer o Barão esses papéis? O que intenta fazer com eles?...

FORBES
(*imperioso*)

Obrigá-lo a dar a seu filho o nome a que tem direito. E só quando o Sr. Visconde de Medeiros tiver cumprido um dos mais sagrados deveres da natureza, ser-lhe-á restituída a correspondência do *gerente* Fróes. (*o Visconde passeia desorientado*) O Barão *quer* hoje mesmo uma resposta.

VISCONDE

Isto não passa de uma trama, arranjada entre você, e os amigos desse S. Salvador! A correspondência foi queimada! disse-me, e eu o acredito, porque o seu conteúdo o comprometia. Se ela aparecesse, perder-se-ia comigo.

FORBES

Sim!... mas, far-se-ia... e far-se-ia justiça!

VISCONDE

Mas, homem... isto é um contra-senso! Bem vê, que não posso fazer o que se exige de mim!... Ora, diga-me cá: como me receberiam na *minha roda*, depois de tão disparatado enlace? É preciso não ter o juízo no seu lugar, para admitir-se a possibilidade de semelhante casamento! (*passeia desesperado*) Não posso! Dê no que der, não descerei até Marta!

FORBES
(*com força*)
Será ela quem desça até o falsário Medeiros!

VISCONDE
(*furioso e concentrado*)
Eu lhes mostrarei quem sobe, ou quem desce! Tenho o prestígio, tenho amigos... tenho dinheiro!

FORBES
(*com autoridade*)
Acima de tudo isso, está a LEI e a JUSTIÇA!

VISCONDE
(*sarcástico*)
A justiça dos homens também se compra!

FORBES
(*com força*)
Sim! mas acima dos homens está a onipotência de Deus!

(*cai logo o pano*)

FIM DO ATO QUARTO

## ATO QUINTO

(*No mesmo dia, da tarde para a noite; em casa de Eugênio.*)
(*Sala contígua ao salão principal, com três portas ao fundo, fechadas, e portas aos lados.*)

### Cena I

Eugênio *assentado*, Marta *entrando*

Marta
Já estiveste com Paulina?

Eugênio
(*desanimado*)
Não tive valor para procurá-la. (*ergue-se*)

Marta
Meu pobre filho! Sê forte, não desanime...

#### Eugênio

O lance é tremendo! Apresentar-me ante Paulina, na aviltante condição de um escravo... escravo!... eu, filho de uma escrava?! Oh! não! não posso!

#### Marta
(*com amargura*)

Eugênio!

#### Eugênio
(*beija-lhe a mão*)

Perdão!

#### Marta
(*triste*)

Só para uma mãe, todos os sacrifícios são possíveis! Sei o que me cumpre fazer para a tua felicidade. Levada pelo egoísmo da minha ternura, esqueci o mal que a minha presença...

### Cena II

*Os mesmos e* Paulina
(*Paulina, vem entrando tristemente; ao ver os dois, quer retroceder.*)

#### Eugênio
(*adiantando-se para ela*)

Paulina! peço-te que me escutes! (*Paulina encara-o com frieza*)

MARTA
(*a Paulina*)
Antes de deixar para sempre esta casa...

EUGÊNIO
Deixar esta casa!

MARTA
Sim, e praza a Deus, que com a minha ausência, volte a ela a paz e a felicidade que gozavam antes da minha funesta aparição!

PAULINA
(*com desdenhosa ironia*)
Era então este, o expediente que combinavam para... Julgam-me pois tão néscia, que dê crédito a tão grosseiro subterfúgio? Se alguém deve deixar esta casa, sou eu.

EUGÊNIO
O que dizes?!

PAULINA
Amanhã retirar-me-ei com minha filha, para a casa do amigo, que me ofereceu o seu amparo para o momento da adversidade.

EUGÊNIO
(*com autoridade*)
Saírem daqui?... Isso nunca!

PAULINA
(*com firmeza*)
É o que me compete fazer, depois de tão repugnante abuso!

EUGÊNIO
Não houve abuso... houve fatalidade...

PAULINA
Fatalidade! Foi a fatalidade, que o obrigou a conspurcar a santidade do lar doméstico, com a presença da sua antiga amante?

EUGÊNIO
(*encarando-a*)
Paulina!

MARTA
Jesus!

PAULINA
Foi ainda a fatalidade, que o levou a reatar laços criminosos, com uma vil escrava?... (*gesto de angústia, em Marta*)

EUGÊNIO
Senhora!...

PAULINA
Calcando todo o respeito às conveniências de pai e de esposo, trazer para o seio de sua família, uma criatura indigna e viciosa?

EUGÊNIO
(*severo*)
Basta, senhora! Nem mais uma palavra de insulto!

PAULINA
(*dolorosamente ressentida*)
Ameaças!

EUGÊNIO
(*grave*)
Não ameaço; peço-lhe... ordeno-lhe mesmo!... que respeite...

PAULINA
(*com explosão de cólera e desprezo*)
À... sua amásia?...

EUGÊNIO
(*apresentando-lhe Marta*)
A... minha mãe! (*vem entrando o Barão*)

PAULINA
(*aterrada*)
Sua mãe!!

MARTA
(*para Eugênio*)
O que fizeste?!

## Cena III

*Os mesmos e o* BARÃO

BARÃO
O seu dever! Muito bem, meu filho! (*aperta a mão de Eugênio. Vai para junto de Paulina*) Ânimo!

PAULINA
(*à meia voz, ao Barão*)
É então verdade?... (*Eugênio e Marta falam entre si, olhando para Paulina*)

BARÃO
É.

PAULINA
(*mortificada*)
Oh!...

BARÃO
É uma revelação, que há muito seu marido lhe devia ter feito; o receio de desgostá-la o reteve. Agora, que sabe o segredo que se lhe ocultava, mostre-se mulher superior, pelo sentimento e pela inteligência! Vá para o seu gabinete e procure tranqüilizar-se. Daqui a pouco, lá estarei para conversarmos.

PAULINA
(*caminhando vagarosamente*)
Meu Deus!... O que hei de fazer?...

BARÃO
(*acompanhando-a*)
Cumprir a sublime missão da mulher: amar e esquecer. (*sai Paulina*)

## Cena IV

*Os mesmos, menos* PAULINA

BARÃO

Coragem, Eugênio! tens a sorte por ti! Pouco te empenhaste na luta, porém... venceste!

EUGÊNIO

Consumou-se a minha desgraça! A afeição de Paulina, não resistirá, ao abalo do golpe descarregado no seu amor-próprio! Vai talvez desprezar-me... odiar-me!

BARÃO

A esposa amante e dedicada, não põe limites à abnegação. Vai relatar-lhe toda a verdade da tua vida. Dize-lhe que eu, que te recebi à tua entrada no mundo moral, me ufano de chamar-te meu filho, e meu amigo!

EUGÊNIO
(*comovido, beijando-lhe a mão*)
Meu pai!

MARTA
(*beijando-lhe também a mão*)
Homem generoso!... Não bastava ao pobre órfão, dever-lhe tudo quanto é no mundo, ainda mais esta paternal estima, que tão orgulhoso o deve tornar!

BARÃO
(*muito enternecido*)
Sim! Paguem o meu afeto na única moeda grata à minha alma; com a efusão de um sincero reconhecimento! Tens sido bem culpado para com tua mãe, Eugênio! Pede-lhe perdão das tuas culpas.

EUGÊNIO

Oh!... ela há de perdoar-me!... (*quer beijar-lhe as mãos*)

MARTA

(*puxando-o para si e abraçando-o*)
Perdoa-me tu o teu fatal destino! (*ficam alguns instantes abraçados. O Barão contempla-os e busca esconder-lhes as lágrimas*)

EUGÊNIO

(*beijando as mãos de Marta*)
Meu Deus!... como sou feliz!... sim... muito! muito feliz!

MARTA

(*enxugando as lágrimas*)
E eu?... Graças, Senhor! mandais-me o perdão dos meus erros, na ternura de meu filho!

BARÃO

Basta de comoções. Vá para perto de Paulina, advogar a causa de seu filho.

MARTA

E o que lhe poderei dizer?

BARÃO

O que lhe aconselhar a sensibilidade. A mulher possui a eloqüência do sentimento, que convence o espírito e o coração. Pouco lhe custará a apagar o lampejo do amor-próprio ofendido!

MARTA
Que a Virgem Mãe me inspire! (*sai; Eugênio e o Barão, acompanham-na até a porta*)

## Cena V

EUGÊNIO *e o* BARÃO
(*Entra um criado trazendo duas serpentinas com velas acesas, põe-nas sobre as mesas e retira-se.*)

BARÃO
Eugênio! Olha para mim!... para os meus olhos! O que vês neles?...

EUGÊNIO
Lágrimas!

BARÃO
De júbilo... de felicidade! Deixa-me abraçar-te! (*abraça-o*)

EUGÊNIO
(*muito maravilhado*)
Meu amigo!... O que há?

BARÃO
Lê isto; (*dá-lhe as duas certidões*) atente às datas.

EUGÊNIO
(*lê, e confronta os papéis com grande ansiedade*)
Barão!... Isto... não é um meio de que se lembrou para aplacar o ressentimento de Paulina?

Barão
Não; essas certidões são verdadeiras.

Eugênio
(*alegre*)
Então eu... eu nunca fui... Paulina!... Paulina!... (*querendo sair*)

Barão
(*detendo-o*)
Espera: guarda esses papéis, e lê também esta carta. (*Eugênio guarda os papéis e toma a carta que o Barão lhe dá*) É de teu pai... pede-me a mão de tua mãe.

Eugênio
(*vai apressado ver a assinatura*)
O Visconde! (*lê com ansiedade*) Oh!... é muito! (*cai quase desfalecido sobre uma cadeira, deixando cair a carta que o Barão apanha*)

Barão
Então, meu filho! sucumbe à ventura?...

**Cena VI**

*Os mesmos e* Marta

Marta
(*entra alegre*)
Eugênio... (*aterrada*) Jesus!... o que tens?...

EUGÊNIO
(*beijando-lhe a mão*)
Nada, minha mãe... É um protesto da matéria, contra o orgulho da fraqueza humana!

BARÃO
Vem um pouco para teu quarto; teu espírito precisa de repouso. (*Eugênio ergue-se e encaminha-se. O Barão dá a carta a Marta*) Habilite-me a responder a esta carta. (*sai com Eugênio*)

**Cena VII**

MARTA *e depois* MATILDE

(*Surdina. Marta lê com visível comoção a carta do Visconde; finda a leitura, assenta-se e chora copiosamente. Matilde vem entrando. Cessa a surdina.*)

MARTA
(*ergue-se e eleva as mãos ao céu*)
Como Deus é clemente e bom!

MATILDE
E justo, Marta!

MARTA
(*ainda a chorar*)
E a senhora, é um dos seus anjos! (*abraça-a*)

MATILDE
(*comovida*)
Pobre amiga! (*afastam-se ao ver Olímpia, que vem entrando*)

## Cena VIII

*As mesmas e* OLÍMPIA

OLÍMPIA
Felizmente encontro aqui a Sra. D. Matilde! Vai explicar-me o que há hoje nesta casa de extraordinário!

MATILDE
Nada que eu saiba, a não ser uma bela reunião, da qual será a menina o mais mimoso ornamento!

OLÍMPIA
(*triste*)
Ora... a senhora está sempre a gracejar! É por causa dessa reunião que mamãe está encerrada desde ontem no seu gabinete, e papai...

MATILDE
Tratam dos seus preparos... a propósito: tenho um favor a pedir-lhe: faz-mo?

OLÍMPIA
Pois não!... Diga depressa o que é.

MATILDE
(*sorrindo-se*)
Saiba, que, apesar de estar velha e feia, tenho minhas veleidades de apresentar-me hoje, moça, e bonita... (*movimento involuntário de dúvida em Olímpia*) Acha isso impossível?... Também eu. É mesmo um milagre! E será a menina quem o realizará.

OLÍMPIA
(*amavelmente*)
E sem me custar muito!

MATILDE
(*tocando-lhe na face*)
Veremos isso, senhora lisonjeira!... Mandei trazer para aqui a minha *fatiota* dos dias dúplices, e confio-lhe o meu toucador.

OLÍMPIA
Com muito gosto!

MATILDE
É preciso também ir enfeitar-se! Quero vê-la um objeto de maledicência para as suas amigas!

OLÍMPIA
(*sorrindo-se*)
Esquece-se que a senhora é a primeira entre elas?

MATILDE
Oh!... eu sou *oitos e noves* fora do baralho!

OLÍMPIA
Vamos, Sra. Marta? (*repara em Marta que a contempla muito comovida*) Oh!... por que me olha quase a chorar?!...

MARTA
(*beijando-lhe a mão*)
Por vê-la tão linda... tão pura! (*acompanha Olímpia. Matilde vai segui-las, mas pára ao ver o Barão que entra*)

## Cena IX

BARÃO e MATILDE

BARÃO
(*aperta a mão de Matilde*)
V. Exa. já sabe que o Forbes cumpriu a sua promessa? (*surpresa em Matilde*) O Visconde propôs-me o seu casamento com a mãe de Eugênio.

MATILDE
(*satisfeita*)
Deus me perdoe! Sempre duvidei do seu arrependimento!

BARÃO
Era sincero... Agora, creio na sua reabilitação. Pela minha parte cumprirei o que lhe prometi esta manhã, e possa ele encontrar na Europa, onde o não conhecem, o olvido do seu nome e a paz do seu espírito.

MATILDE
E Paulina?

BARÃO
Sabe de tudo, e... chora.

MATILDE
Vou para perto dela. (*sai*)

## Cena X

O Barão *e depois* Pedro
(*toca no tímpano e assenta-se; aparce Pedro*)
Peça à Sra. Marta que venha falar-me. (*sai Pedro*)

## Cena XI

O Barão *e* Eugênio

Barão
(*Eugênio chega à porta e olha; vendo o Barão, dirige-se a ele*)
Assegura-me pela sua honra que aquelas certidões?...

Barão
Juro-te!

Eugênio
Basta! É que uma felicidade assim tão inesperada...

Barão
Ainda duvidas da justiça de Deus?...

Eugênio
(*comovido*)
Meu amigo!

Barão
Vai te vestir. (*olha o relógio*) São perto de 7 horas, e tens de receber os teus amigos e convidados.

#### Eugênio
Festas e visitas! Apresentar-me prazenteiro e jubiloso, tendo o espírito cheio de receios e incertezas!... Oh!... A vida não passa de uma mascarada!

#### Barão
Exigências de posição, meu caro! E nem serás tu o único que se apresente em *holocausto* a elas! (*sai Eugênio*)


### Cena XII

#### Barão *e* Marta
(*O Barão assenta-se, e fica pensativo até a entrada de Marta.*)

#### Marta
Mandou-me chamar, Sr. Barão? (*o Barão ergue-se*)

#### Barão
O que devo responder à carta do Visconde?

#### Marta
O mesmo que meu filho responderia: Eugênio é órfão.

#### Barão
Aprecio a nobreza da sua resposta. Mas pondere que com um nome ilustrado por um título, que faria calar qualquer murmuração, oferece o Visconde a Eugênio considerável aumento de capitais.

#### Marta
Vale mais a mediania, a pobreza mesmo, honrada, do que a opulência adquirida por meios reprovados pelas leis e pela moral! A origem da riqueza desse homem, não me é desconhecida.

#### Barão
Não seria conveniente consultarmos Eugênio, antes de mandar a sua resposta?

#### Marta
Meu filho não há de querer trocar um nome nobilitado pelos seus atos, por outro que só opróbrio lhe trará.

#### Barão
Mas qual será (*entra Pedro*) a sua posição na casa de seu filho?...

## Cena XIII

*Os mesmos e* Pedro

#### Pedro
(*ao Barão*)
O guarda-livros do Sr. Visconde de Medeiros, pede com urgência para falar a V. Exa.

#### Barão
Faça-o entrar para a ante-sala. (*sai Pedro*)

### Cena XIV

BARÃO *e* MARTA

BARÃO
O Visconde quer a resposta da sua carta.

MARTA
Recuso – por mim... e por meu filho.

BARÃO
A sua resposta é definitiva?

MARTA
Definitiva, Sr. Barão.

### Cena XV

*Os mesmos e* MATILDE

MATILDE
(*ao Barão, que vai ao seu encontro*)
O que diz ela?

BARÃO
Recusa.

MATILDE
(*surpresa*)
Recusa! (*a Marta*) Pois recusa uma posição para si, e um nome para seu filho?!

MARTA
Prefiro a obscuridade à ignomínia.

MATILDE
(*com brandura*)
Não haverá algum excesso de orgulho na sua suscetibilidade?

MARTA
Não, minha senhora; há só o propósito de não querer que meu filho, renegue a probidade do seu presente e do seu futuro, por um passado infamante.

BARÃO
Vou mandar a sua resposta. (*sai*)

## Cena XVI

MARTA *e* MATILDE

MATILDE
Julguei fazer alguma coisa pelos meus amigos... fui infeliz na minha idéia. Não conhecia ainda toda a elevação da sua alma!

MARTA
Perdoe-me, minha boa senhora!...

MATILDE
O quê?!... O não ter querido reparar a falta da inexperiência, contraindo uma aliança indigna de si?... Não a censuro por isso. A sua recusa não é muito natural, mas é louvável. Eu a respeito.

### Cena XVII

*Os mesmos e* EUGÊNIO

EUGÊNIO
Boa noite, Sra. D. Matilde! (*aperta-lhe a mão; à meia voz a Marta*) E Paulina?... Ama-me sempre?...

MARTA
É *esposa* e *mãe*.

EUGÊNIO
(*transportado*)
Agora, sim! Tenho fé na clemência do céu!

MARTA
(*apontando para Paulina que vem entrando*)
Eis ali o íris do perdão! (*toma a mão de Paulina e a conduz para junto de Eugênio*)

### Cena XVIII

*Os mesmos e* PAULINA

PAULINA
(*estendendo a mão a Eugênio*)
Perdoas-me?

EUGÊNIO
(*beijando-lhe a mão, com ternura*)
A minha felicidade... minha adorada Paulina?! (*olha para toda a sala*) E Olímpia?... (*Matilde sai sem ser notada. O Barão entra perturbado*)

## Cena XIX

EUGÊNIO, o BARÃO, MARTA e PAULINA

PAULINA
(*ao Barão*)
Amei e esqueci!

BARÃO
(*à meia voz indicando Marta*)
E aquela mártir?

PAULINA
(*aproximando-se de Marta*)
Quer abençoar a sua filha?...

MARTA
(*abraçando-a*)
O céu te recompense, pela ventura que me dás neste momento!

## Cena XX

*Os mesmos*, MATILDE *trazendo* OLÍMPIA *pela mão*

EUGÊNIO
(*para Marta*)
E agora é feliz?

MARTA
O que mais posso ambicionar? (*pega nas mãos de Eugênio e de Paulina*) Deus! e meus filhos!

OLÍMPIA
(*muito admirada, e à meia voz*)
O que querem dizer aquelas palavras, Sra. D. Matilde?

MARTA
(*alto*)
Querem dizer, minha menina, que desta vez não foi Maria, foi Marta *quem escolheu a melhor parte*! Vai abraçar o seu papai!! (*Olímpia vai para junto de Eugênio, que a afaga e a apresenta a Marta; Matilde dirige-se ao Barão*) O que tem meu amigo?

BARÃO
O Visconde partiu esta tarde, no *Paquete*, para o Rio da Prata!

MATILDE
(*surpresa*)
Fugiu!!!...

BARÃO
(*indignado*)
A sua carta foi apenas um ardil, para ganhar tempo.

MATILDE
E ficaram impunes tanta maldade e tantos crimes?!

BARÃO
(*sentencioso*)
Não, minha senhora! Para onde quer que vá o criminoso, vão também com ele a consciência da culpa, e as tribulações do remorso!... Ainda que a

impunidade social, pareça protegê-lo, a alma do criminoso, despojada da luz do céu, já não pode gozar o menor sossego da terra. Ela vê, que ao descer do mundo, lá a espera, implacável, no altar supremo da verdade, a condenação divina. (*solene*) Eis aqui a diferença: enquanto Antônio Forbes, castigado, busca remir-se pelo arrependimento; enquanto o Visconde de Medeiros afronta a sociedade com um novo crime, fugindo à reprovação da moral e da justiça; aqui, ao lado da virtude, que se enobrece pelo martírio e pela fé, contempla-se nos benéficos laços da família, e no santo amor de mãe – O QUADRO DA VERDADEIRA FELICIDADE!

(*Rompe fora o hino da independência.*)

(*Abrem-se as portas da sala do fundo, a qual deve estar esplendidamente preparada, e cai o pano no momento em que os personagens da cena se dirigem para o salão principal, que está cheio de cavalheiros e senhoras, todos em trajo de gala.*)

**Impressão e acabamento**
Rua Uhland, 307 - Vila Ema
03283-000 - São Paulo - SP
**Tel/Fax:** (011) 6104-1176
**Email:** adm@cromosete.com.br